의 료 사 고
진실을 찾아서

의료사고,
진실을 찾아서

지은이 | 강윤석

Medimark

CONTENTS

머리말　"두려웠지만 물러설 수 없었다" | 6
추천사　팀장님 덕분에 포기하지 않았습니다 | 9
Prologue 의료사고 전문 수사팀의 탄생 | 11

Part1 의료사고 수사일지

思考와 事故 그리고 事件 | 19
첫 사건, 중국인 여 유학생의 비극 (2015년 1월) | 23
지방이식수술과 오염된 수면마취제의 비극 (2015년 10월) | 31
15세 소년의 죽음, 정신병원 약물 남용 사건 (2015년 3월) | 38
숨겨진 천공, 축농증 수술의 비극 (2015년 11월) | 47
쿨프렙과 고령 환자 장천공 사건 (2016년 6월) | 54
권대희 사건과 '수술실 CCTV법'의 시작 (2016년 9월) | 61
대학병원 병사(病死) 위장 사건 (2014년 12월) | 68
사무장 병원에서 벌어진 끔찍한 영아 살해 사건 (2019년 3월) | 75
분만실 신생아 낙상과 조직적 은폐의 전말 (2016년 8월) | 82
강남의 한 수술실, 그리고 돌아오지 못한 홍콩 여성 (2020년 1월) | 89
담낭절제 수술과 되돌릴 수 없는 실수 | 96
질 필러 시술, 말할 수 없었던 비극 | 103
또 다시 반복된 '신해철 사건'과 문제의 의사 (2015년 1월) | 111

Part 2 누구의 잘못도 아닌 죽음 – 해명을 위한 수사

우리는 진실을 수사한다 | 121
수술 후 발생한 '0.1%의 비극' – 무릎 수술과 폐색전증 사망 사건 | 124
도수치료 중 인대 파열 – '상식'과 '불가항력' 사이 | 131
치과 보철 치료 중 돌연사 – 누구의 잘못도 아닌 죽음 앞에서 | 138
대장암 수술 중 마취 사고 – 예측할 수 없는 죽음 | 145
폐 흉강경 수술 후 사망 – 통제 불가능했던 내부의 출혈 | 152

Part3 강윤석의 짧은 자서전 – 생명을 향한 형사의 길

의료사고 전문수사팀을 이끌며 | 161
소년 강윤석의 꿈 | 164
강력반 시절, 강력사건과의 싸움 | 170
의료사고 전문 수사팀의 창설과 성장 | 176
피해자 가족과 함께 걸어가는 길 | 180

부록1 의료사고에 대한 일반적 고찰 | 188
부록2 의료사고 수사기법 | 196
부록3 의료사고 민원 대응 | 204

머리말

"두려웠지만 물러설 수 없었다"

나는 한 가지 바람을 품고 이 책을 쓰기 시작했다.

이 책이 의료사고를 겪은 피해자들, 의료사고에 관심을 가진 모든 사람, 그리고 수사의 최전선에 있는 경찰 수사팀에 작은 길잡이가 되었으면 한다. 만약 당신이나 당신 주변에 의료사고가 발생한다면, 당황하거나 억울해하기 전에 이 책을 꺼내 볼 수 있기를 바란다. 무엇을 해야 하는지, 어떻게 대응해야 하는지, 어떻게 조언해 줄 수 있는지를 알려주고 싶었다.

나 역시 처음부터 의료사고 전문 수사팀장이 될 운명이었던 것은 아니다. 어떻게 여기까지 오게 됐는지, 가끔은 나 자신도 되묻게 된다. 그저 하다 보니, 가다 보니, 이 자리에 서 있다.

2014년, 가수 신해철 씨의 의료사고 사건이 터졌다. 경찰 조직 전체가 이 큰 사건 앞에서 분투했지만, 의료에 대한 전문지식 없이 의사의 과실을 입증하는 것은 너무나 힘든 일이었다. 그때 우리는 깨달았다. "이건 전문적으로 연구하고, 전문적으로 수사해야 한다."

그렇게 대한민국 최초의 의료사고 전문 수사팀이 탄생했다. 모두가 부담스러워하던 자리였다. 의료는커녕 의학 용어조차 생소하던 시절, 강력사건만 다뤄온 내가 팀장으로 내정됐다. 명분은 하나였다. "강력사건을 가장 오래, 가장 치열하게 다룬 사람이라면 의료사건도 진실을 향해 파고들 수 있을 것이다."

나는 이 새로운 세계 앞에 두려웠지만, 피해자와 유족들의 절실함 앞에서 물러설 수 없었다.

오랜 세월 동안 '의료사고팀'의 전문수사관이자 팀장으로 일하면서 늘 의료사고 피해자들에게 해주고 싶은 말이 있다. 의료사고가 발생했을 때, 가장 든든한 버팀목은 바로 '경찰'이라는 사실이다. 의료 전문 변호사는 많지 않고, 몇 되지 않는 전문 변호사는 비용이 엄청나게 비싸다. 병원은 의료 정보를 꽁꽁 숨긴 채 전문 변호사를 앞세워 무시무시하게 나오는데, 피해자는 의료 지식도, 정보도 없이 속수무책으로 맞서야 한다. 일반 변호사 역시 의료 전문성이 부족해 한계를 느낀다. 필요한 자료를 스스로 찾아야 하는 상황에서 피해자는 고립된다.

하지만 경찰은 다르다. 끝까지 피해자의 편에 서서 지치지 않고 진실을 향해 나아간다. 의료사고 피해자들이 이 사실을 꼭 기억해주었으면 한다.

이 책에는 그동안 내가 마주한 수많은 의료사건, 그 안에 담긴 고통과 분노, 그리고 진실을 밝히려는 작은 발버둥들이 담겨 있다.
이것은 단순한 수사 기록이 아니다. 이것은, 우리가 함께 세상을 조금 더 정의롭게 만들기 위한 기록이다.
오늘도 잠 못 이루고 있을 의료사고 피해자와 10여 년 이상 나와 함께 고생했던 의료수사팀 팀원들, 그리고 오늘도 전국 곳곳에서 각종 사건사고에 맞서 분투하고 있는 경찰 동료들에게 이 책을 바친다.

2025년 5월 31일
서울경찰청 광역수사단 의료수사팀 팀장
전문수사관 강윤석

추천사

팀장님 덕분에 포기하지 않았습니다

의료사고로 사랑하는 가족을 잃고 난 후, 저는 깊은 절망과 분노 속에서 하루하루를 버텨야 했습니다. 무엇이 잘못되었는지 알고 싶었지만, 병원은 책임을 회피하고, 법적 절차는 복잡하기만 했습니다. 어디서부터 시작해야 할지 몰라 막막했던 저에게 팀장님은 유일한 희망이었습니다.

팀장님께서 처음 제 이야기를 들어주셨을 때, 저는 처음으로 제 아픔을 이해해주는 분을 만났다고 느꼈습니다. 단순히 형식적인 위로가 아니라, 사건의 본질을 파악하고 문제를 해결할 수 있도록 구체적인 길을 제시해 주셨기 때문입니다. 의료 기록 확보부터 법적 대응 방법까지 하나하나 설명해 주시며, 끝까지 포기하지 말라고 다독여 주셨던 순간을 잊을 수 없습니다.

가장 감사한 것은 팀장님께서 제 가족의 죽음을 단순한 의료 사고로 치부하지 않고, 반드시 진실을 밝혀야 할 문제로 대해 주셨다는 점입니다. 병원의 책임을 명확히 하고, 유족으로서 우리가 해야 할 일들을 안내해 주셨기에 저는 무력감 속에만 머물지 않을 수 있었습니다. 법과 제도가 피해자의 편이 아닐 때, 그것을 바로잡기 위해 애써 주신 팀장님의 노력 덕분에 저는 조금씩 희망을 되찾을 수 있었습니다.

진실을 찾는 길은 결코 쉽지 않았지만, 팀장님께서 계셨기에 포기하지 않을 수 있었습니다. 의료사고 피해자와 유족들이 더 이상 억울함 속에서 홀로 고통받지 않도록 힘써 주신 것에 깊이 감사드립니다. 저처럼 절망 속에 있던 많은 유족들에게도 팀장님의 따뜻한 조언과 실질적인 도움은 커다란 위로와 힘이 될 것입니다.

마음 깊이 감사드리며, 의료사고 피해자들을 위해 계속 힘써 주시기를 부탁드립니다.

이나금(고 권대희 군의 어머니)

Prologue

의료사고 전문 수사팀의 탄생

처음부터 이 일이 내 일이 될 거라고 생각한 건 아니었다. 오히려 반대였다. 누구도 지원하지 않았고, 누구도 오래 가리라 믿지 않았다. 그게 바로 의료사고 전문 수사팀의 출발점이었다.

시작은 신해철 씨 사건이었다. 2014년 가을, 국민 가수 신해철의 갑작스러운 사망이 전국을 충격에 빠뜨렸다. 담당은 송파경찰서였다. 사건은 복잡했고, 곧 형사계 전체가 달라붙었다. 전원이 투입됐다는 의미가 아니라, 그만큼 이 사건은 개인이 감당하기 어려운 구조를 갖고 있었다. 수사는 서울경찰청, 과학수사계, 법의학 감정기관 등 다양한 부서의 도움이 필요한 수준이었다. 수사 과정 내내 언론과 여론의 압박은 상상을 초월했고, 우리 경찰 조직은 허둥댔다.

그때 서울경찰청 형사과장이었던 이규문 총경은 결단을 내렸다. "이건 한 명이 할 일이 아니다. 전문팀이 있어야 한다." 그렇게 서울경찰청 내에 '의료사고 전문 수사팀'이 만들어지게 된 것이다. 그 시작은 다소 엉성하고 불안정했다. 수사팀은 처음에 폭력계 소관으로 만들어졌다. 조직 내에서도 "이건 잠깐 반짝하고 없어질 팀"이라는 시선이 많았다.

전시행정이라는 말도 나왔다. 신해철 사건의 여파로 일시적 관심을 끌기 위한 조직이라는 인식이었다.

나는 당시 남대문경찰서 강력계장이었다. 광역수사대로 발령이 났고, 마침 의료팀 팀장 자리가 비어 있었다. 아무도 원하지 않던 자리였다. 새로운 영역, 생소한 전문 분야, 모호한 지휘 체계. 선임 팀장들은 고개를 저었고, 내가 팀장을 맡게 되었다.

도착한 의료팀 사무실은, 말 그대로 '세 들어 사는' 공간이었다. 서울청 폭력계 사무실 한쪽 줄. 좁은 책상들 사이에 '의료팀'이라는 팻말을 걸고 시작했다. 팀은 구성돼 있었지만, 사건 하나 없는 빈 그릇이었다. 무엇부터 해야 할지 막막했다. 이건 강력사건이 아니었다. 총도 칼도 없었다. 나는 경찰생활 처음으로 입술이 헐고 부르터가며 며칠을 고민했다.

결국 판례부터 뒤졌다. '의료사고'가 법적으로 어떤 기준에서 과실로 인정되고, 형사책임으로 이어지는지를 파악해야 했다. 의료사고 형사 판례만 모아 정리했고, 그걸 기반으로 팀원들과 공유했다. 우리가 뭘

해야 하는지, 어떤 기준으로 판단해야 하는지, 틀을 잡기 시작했다.

다음으로 서울 전역 경찰서에 공문을 보냈다. "의료사고 사망 사건, 사회적 이목이 큰 사건은 우리에게 보내달라." 그 반응은 의외로 뜨거웠다. 현장 형사들은 의료사고를 수사할 일이 거의 없었고, 대부분은 경찰생활 내내 한 건도 접하지 않고 퇴직하는 경우가 많았다. 그러니 누군가 대신 해준다는 건 감사한 일이었다.

그렇게 도착한 첫 사건이 '중국인 유학생 낙태 사망사건'이었다. 당시 한국말을 할 줄 몰랐던 유족은 직접 고소도 못한 상황이었는데, 중국 영사관이 진정서를 냈다. 사건을 배당받은 경찰서는 망설였다. 대외적으로 민감한 사건, 생소한 의료 용어들, 복잡한 법리. 이건 뜨거운 감자였다. 그리고 그 사건이 우리 팀의 첫 출발점이 되었다.

당시 팀원은 나를 포함해 7명이었다. 모두가 강력 사건 경험자들이었다. 이름만 바꿔 단다고 전문가가 되는 건 아니었지만, 날카로운 수사 감각과 열정은 충분했다. 그중 1명은 지금도 팀에 남아 함께하고 있다.

수사는 곧 성과를 내기 시작했다. 의료법 위반과 업무상 과실치상으로 피의자를 구속했고, 그 뒤로도 우리는 영아살해 사건, 대형병원 낙상 사망 사건 등을 차례로 해결했다. 경찰청의 시선이 달라졌다. "이 팀, 계속 가야겠다."

　그렇게 해서 서울청에 의료팀이 하나 더 생겼다. 지금은 두 개 팀으로 나뉘어 운영 중이다. 내가 있던 초기 팀은 여전히 6~7명 체제를 유지하고 있고, 새로 생긴 팀에는 경찰대 출신의 젊은 형사가 팀장을 맡았다. 의료사고 수사팀이 확산되면서 인천, 대구, 부산 등 다른 지방청에서도 비슷한 팀들이 하나둘씩 만들어졌다. 전국적인 시스템이 된 것이다.

　서울은 특히 의료기관이 밀집한 지역이다. 상급병원만 해도 13개, 대형 성형외과, 특수 병원까지 포함하면 의료사고 발생 가능성은 전국 최고다. 그 수요를 감당하기 위해 우리 팀은 꾸준히 인원을 보강했고, 지금은 과거와는 비교할 수 없을 만큼 탄탄한 체계를 갖추게 됐다.

　나는 지금도 현장을 뛴다. 사건이 접수되면 팀원들과 직접 발로 뛰며 수사한다. 현장을 재구성하고, 의료기록을 검토하고, 포렌식을 통해 진실을 복원한다. 의무기록이 조작된 흔적, CCTV 삭제 정황, 통일된 진술 패턴. 의료범죄는 증거가 없다기보다, 증거가 지워져 있다는 점에서 어렵다.

하지만 그럴수록 우리는 집요하게 파고든다. 수사는 속도가 아니라 정확성이다. 환자의 죽음, 피해자의 눈물, 그리고 그 뒤에 남겨진 가족들. 우리는 진실을 위한 수사를 한다.

이 팀을 맡은 지 벌써 10년이 되었다. 나는 이 조직이, 그저 경찰 조직의 한 부분이 아니라, 우리 사회가 의료를 어떻게 바라보는지를 상징하는 존재가 되기를 바란다.

진실은 언젠가 드러난다. 우리는 그날을 조금 앞당기기 위해 존재한다.

Part1

의료사고 수사일지

思考와 事故
그리고 事件

나는 의료사고 사건을 전문으로 수사하면서, 늘 한 가지 질문과 마주한다. "이건 정말 사고였을까, 아니면 사건이었을까?" 의료행위는 기본적으로 일정 수준의 침습(侵襲)을 수반하고, 그 침습은 생명을 살리기 위한 과정이기도 하다. 대부분의 환자들과 보호자들도 이를 알고 있고, 묵시적으로 동의하고 있다. 하지만 그 과정에서 사고가 발생했을 때, 의료인과 비의료인의 시선은 너무나 다르게 갈라진다.

법률적으로 보면 우리 대법원은 이렇게 말한다.

"의사가 의료행위를 수행하면서 주의의무를 소홀히 해 환자의 생명이나 신체에 피해를 주는 경우, 그 책임은 형법상 업무상과실치사상죄는 물론 민사적 책임, 행정적 책임까지도 수반할 수 있다."

이런 과실이 어떻게 발생하는지, 나는 현장 수사에서 목격한 실제

유형들을 통해 나름의 분류를 하게 됐다.

첫째, 악의적 과실(a malicious error). 이는 결과의 위험성을 알고 있으면서도 금전적 이익이나 시간 단축을 위해 무리하게 시술을 강행하다가 생명을 잃게 하는 경우다. 대부분 의원급에서 벌어진다. 예를 들어, 프로포폴을 여러 명에게 분주해 쓰거나, 심지어 남은 약물을 모아서 다시 사용하기도 한다. 혹은 수술방 여러 곳을 동시에 돌며 한 명의 의사가 여러 건을 하기도 한다. 그 가운데 한 명이 사망하거나 중상에 이르게 되는 사건이 발생한다.

둘째는 만연한 부주의(a careless mistake). 병원 현장에서 '이쯤은 괜찮겠지', '그렇게 해도 별일 없었다'는 식의 습관화된 안일함이다. 종합병원이나 상급병원처럼 대형 기관에서 주로 발생한다. 규정을 자의적으로 해석하거나, 도제식으로 전수된 잘못된 관행을 따르다 환자의 생명이 위협받는 경우다.

셋째는 분업적 의료시스템의 한계에서 비롯되는 과실이다. 대학병원과 같은 다인 협업 구조 안에서, 수평적 분업과 수직적 지휘체계 사이에서 환자가 누락되고 소통이 어긋나며 결국 중대한 과오가 발생하는 것이다.

나는 이런 사건들을 마주할 때마다 '의료사고'와 '의료과실', 그리고 '의료범죄'의 경계가 얼마나 얇은지 실감한다. 실제로 과실 여부가 명확하지 않은 사건이라도, 의무기록 조작, 진술 모의, CCTV 삭제, 기록

누락 등의 '은폐행위'가 개입되면서 단순한 사고가 형사 사건으로 번지는 경우를 수없이 봐왔다.

어떤 의료인은 "그럴 수도 있다"고 말한다. 예상치 못한 합병증, 급격한 쇼크, 환자 체질적 문제 등 다양한 원인을 들며 자신을 방어한다. 하지만 그때의 태도, 이후의 대처, 환자에게 진실을 어떻게 설명하고 기록에 무엇을 남기느냐가 그를 '피의자'로 만들 수도, '전문가'로 남게 할 수도 있다.

나는 기억한다. 서울의 한 상급병원에서 있었던 사건을. 축농증 수술 중 미세절삭기를 잘못 조작해 사골동 천장뼈를 손상시켰고, 그로 인해 뇌척수액이 유출되며 심각한 뇌내 출혈이 발생했다. 환자는 이틀 만에 사망했고, 의사는 경과기록지에 '수술 전 이미 두개저 결손이 있었다'는 허위 내용을 적었다. 말 맞추기, 조작, 허위기록. 그들은 환자를 살릴 수는 없었지만 책임은 피하고 싶었던 것이다.

결국 우리는 그 병원 의료진을 의료법 위반 혐의로 입건했고, 보건복지부에 행정처분도 의뢰했다.

수사하면서 늘 느끼는 건 이거다. 처음부터 명백한 범죄로 시작된 의료사고는 드물다. 대부분은 당황스러운 실수, 예기치 못한 결과, 또는 미숙한 처치에서 비롯된다. 하지만 그걸 어떻게 대하느냐가 상황의 갈림길이 된다. 설명을 생략하고, 책임을 회피하고, 진실을 누락시키면 아무리 작은 과실도 형사 사건이 된다.

나는 의료인을 존중한다. 우리 가족의 생명을 맡길 수밖에 없는 사람들이기 때문이다. 동시에, 그 존중이 배신당하지 않기를 바란다. 진실은 때로 아프다. 하지만 감추는 순간, 고통은 피해자에게만 남게 된다.

이제는 의료사고를 대하는 자세도 바뀌어야 한다. 의료인 스스로가 자신을 방어할 수 있는 정직한 방식으로, 환자와 가족이 납득할 수 있는 설명으로, 또 우리 수사관에게 떳떳할 수 있는 기록으로 남겨야 한다.

첫 사건,
중국인 여 유학생의 비극 | 2015년 1월 |

2015년 1월. 서울의 한 경찰서에서 우리 팀으로 사건이 하나 넘어왔다. 외국인 유학생이 낙태수술 중 사망을 했는데, 단순한 과실이 아닌 것 같다는 해당 국가 대사관 측의 항의가 있었다는 내용이었다. 내가 팀을 맡은 뒤 서울 관내 각 경찰서에 "의료사고가 있으면 우리 팀에 알려달라"는 공문을 보냈는데, 그 첫 번째 응답이었다. 사건 발생 시기는 우리 팀의 탄생 이전이었지만, 때마침 공문을 보고 곧바로 우리에게 사건을 이첩한 것이다.

사실 일선 경찰서에서는 우리 팀의 탄생이 매우 고마운 일이다. 신해철 사건에서 잘 나타났듯이 의료사고는 일반 형사 사건처럼 범죄 행위를 명확히 밝혀내는 게 쉽지 않다. 게다가 심증이 있어도 '물증'을 찾아내는 건 더욱 어렵다. 그런 까다로운 사건을 맡아서 처리해준다니

얼마나 고마웠겠는가.

우리는 사건이 이관되자마자 즉시 수사에 착수했다. 첫 사건이었던 만큼 모든 팀원이 투입돼 신속하고도 철저한 수사를 진행했다.

피해자는 총명하고 활달했던 유학생 A였다. 스물다섯의 나이에 모 대학에 교환학생으로 들어온 그녀는 한국 문화를 누구보다 사랑했고, 일상의 모든 순간을 사진으로 남기는 사람이었다. 그녀는 캠퍼스에서 한 남학생을 만나 사랑에 빠졌고, 대학 시절의 로맨스는 현실을 앞지르며 깊어졌다. 그러던 어느 날, 두 사람은 원치 않는 임신이라는 복잡한 현실을 마주하게 되었다.

2015년 당시, 낙태는 불법이었다. 대부분의 병원에서는 시술을 거부하거나 터무니없는 비용을 요구했다. 학생 신분으로는 감당할 수 없는 금액이었다. 두 사람은 인터넷을 뒤지고, 학교 근처 병원들을 발품으로 돌았다. 그렇게 선택하게 된 곳이 모 여성의원이었다. 수술이 가능하다는 말과 함께 비교적 저렴한 가격을 제시했다. 합법과 불법의 경계선 어딘가, 현실과 불안 사이에서 선택지는 그리 많지 않았다.

병원은 수술 전날, 그녀에게 '사이토텍'이라는 약을 건넸다. 일반적으로 쓰는 관절염 약이지만 산부인과계에선 자궁 수축을 유도해 임신중절 효과를 내는 약으로 알려져 있었다. 사용은 금기지만 이 병원은 그런 건 중요하지 않아 보였다.

다음날, 그녀는 남자친구와 함께 아침 일찍 병원을 찾았다. 수술은 몸 상태가 좋지 않다는 이유로 계속 미뤄졌다. 오전부터 저녁까지, 무려 10시간 동안 그녀는 수액을 계속 맞았다. 의료진은 아무렇지 않게 "컨디션을 회복시켜야 한다"라며 포도당 수액을 계속 주입했다.

그러나 인체는 일정 수준 이상의 수액을 견디지 못한다. 포도당 수액이 과도하게 들어가면 혈액이 묽어지고, 뇌압이 높아진다. 뇌부종이 유발되면, 이는 생명을 위협할 수 있는 치명적 상태로 이어진다. 그걸 몰랐을까? 아니면, 알면서도 무시한 걸까?

결국 저녁 무렵 수술이 강행되었고, 그녀는 수술 직후 급격히 의식을 잃었다. 인근 대학병원 응급실로 긴급 이송됐지만, 뇌사는 이미 시작되고 있었다.

"수액이… 얼마나 들어간 겁니까?"

대학병원 응급의가 소리쳐 물었다.

"4,000에서 5,000cc쯤… 환자가 계속 힘들어해서…."

담당 의사는 어깨를 축 늘어뜨린 채 대답했다.

"말도 안 되는 소리 하지 마세요. 이건 살인이에요. 과실이 아니라."

의사는 자리에서 벌떡 일어났다. 주변의 다른 의료진들도 침묵했다. 의원 측은 당황했다. 담당 의사는 의원으로 돌아가 진료기록을 손보기 시작했다. 수기 기록을 고치고, 시간대와 투여량을 조정하려 했다. 진실을 덮기 위한 움직임은 조용하지만 분명했다.

우리는 수사에 착수했다. 하지만 당시 의료전담 수사팀은 막 생긴 시점이었고, 나를 포함한 모든 팀원의 의료지식은 충분하지 않았다. 그러나 나는 확신하고 있었다.

'수사의 기본은 어디에서나 통한다.'

대학병원으로 향했다. 우리는 피해자의 체내 수액량을 역산하기 위해 소변량을 체크했다. 응급실 간호기록, 투여기록, 수분 배출량, 몸무게 변화량까지 하나하나 다 들여다봤다. 뇌부종 진단과 저나트륨혈증 수치, 투여 약물과 수액 조합까지 빠짐없이 검토했다.

의료기록은 포렌식으로 복원했고, 담당 의사의 통화 내역과 문자 메시지를 추적했다. 그중엔 이런 말도 있었다.

"CCTV 녹화 지우는 법 좀 알아봐."

증거 인멸. 이건 실수가 아니었다. 우리는 CCTV 업체와의 통화도 확보했고, 지우려 했던 진료일지의 흔적도 되살려냈다. 수사의 모든 방법을 동원했다. 내가 강력계에서 다뤘던 장기 미제 사건 수사의 방식 그대로, 집요하고 끈질기게 추적했다.

그렇게 수사를 시작했지만 담당 의사는 '무시'로 일관했다. 그가 우리에게 던진 첫 마디는 바로 "의료인이세요?"였다. 다시 말해 "너희들이 뭘 알겠어"라는 것이었다. 심지어 우리가 듣는 앞에서 동료 의사와 의학 전문 용어를 써서 통화를 나누기도 했다. 일반 영어라면 그래도

눈치로라도 뭔가 대충 알아듣겠지만 전문용어니까 전혀 알아들을 수가 없었다. 말하자면 "내가 이렇게 얘기해도 너희들은 못 알아듣잖아" 이런 식으로 대놓고 우리를 무시하는 행태였다.

정말 자존심이 상했다. 어쩌면 그래서 더욱더 사건의 실체에 대해서, 진실에 대해 꼭 밝혀야겠다고 생각했던 것인지 모르겠다.

우리는 마침내 진료기록에 이상이 있다는 걸 알아냈다.

"팀장님, 진료기록이 수정됐습니다."

팀원의 말을 듣는 순간, 사건은 '의료 사고'가 아닌, '의료 과실'이 되었고, 더 나아가 '의료 범죄'로 전환됐다. 의료 과실이란 의료진의 실수로 환자에게 손상이 발생한 경우를 말한다. 그러나 문제는 그 이후다. 자신들의 실수를 은폐하고, 기록을 조작하고, 입을 맞추고, 증거를 없애는 순간, 그것은 더 이상 '실수'가 아닌 '고의'가 되는 것이다. 의료 과실이 범죄로 바뀌는 순간이다.

결국 중재원(한국의료분쟁조정중재원)도 병원의 과실을 명확히 인정했다. 과도한 수액 투여, 의료적 판단 미비, 그리고 사후 조작과 은폐 시도. 그녀는 끝내 회복되지 못했고, 가족과의 합의 후 장기기증을 조건으로 생을 마감했다.

병원의 원장은 업무상 과실치상 혐의로 구속되었다. 환자가 사망에 이르지 않은 '치상'이었기 때문에 구속은 이례적인 조치였다. 그만큼

죄질이 나빴고, 수사는 철저했다.

그날 이후 나는 확신했다. 의료지식은 배워나가면 된다. 중요한 건 수사의 기본을 잃지 않는 것. 사람의 생명에 대한 책임은 무겁고, 그 무게만큼 우리는 진실을 끝까지 쫓아야 한다. 의료사건 수사팀의 진실 추적은 그렇게 시작되었다.

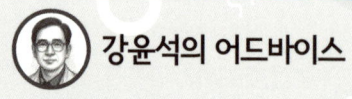 강윤석의 어드바이스

사이토텍의 두 얼굴

사이토텍(성분명: 미소프로스톨)은 원래 위장약으로 개발되었으며, 위궤양 예방을 목적으로 사용된다. 그러나 이 약물은 자궁근에 작용하여 수축을 유도하는 부작용이 있어, 임신 중 복용 시 유산을 일으킬 수 있다. 이러한 특성 때문에 국내외에서 비공식 낙태 시술이나 자가 유산 유도 목적으로 악용되는 사례가 꾸준히 보고되어 왔다.

사이토텍은 임산부에 대한 사용이 엄격히 금지된 약물이다. 정식 적응증과 무관한 용도로 사용할 경우 심각한 부작용이 발생할 수 있으며, 의료진은 사용 시 반드시 그 목적, 용법, 부작용에 대해 충분히 설명하고 환자의 동의를 받아야 한다. 특히 낙태 관련 시술에서 사전 투약이 이뤄질 경우, 약물 반응에 따른 생리적 변화가 발생할 수 있으며, 이후 시술까지의 시간 경과, 수액 투여 등과 복합적으로 작용할 경우 치명적인 결과를 유발할 수 있다.

지방이식수술과 오염된 수면마취제의 비극 | 2015년 10월 |

두 번째로 소개할 사건 역시 우리 팀이 자체적으로 인지한 사건이 아니라 서울 모 경찰서에서 이첩된 사건이다. 사실 광역수사대 안에 자리 잡고 있는 우리 팀의 특성상 직접 인지수사를 하는 일은 그리 많지 않다. 실제로는 서울경찰청 산하 각 경찰서 관내에서 발생한 사건을 우리에게 의뢰(?)하는 경우가 대부분이라 할 수 있다.

서울 강남. 화려한 네온사인과 빛나는 건물들이 줄지어 늘어선 이곳은, 성형수술의 메카로 불린다. '성형외과'라는 이름을 내건 병원 간판들이 거리를 메우고 있지만, 그 이면을 들여다보면 진짜 성형외과 전문의가 진료하는 병원은 극히 일부에 불과하다.

여기서 한 가지 꼭 짚고 넘어가야 할 것이 있다. '성형외과의원'과 '진료과목 성형외과'의 차이다. 간판에 '성형외과의원'이라는 이름을 내건 병원은 성형외과 전문의가 직접 시술하는 곳이다. 반면 '진료과목 성형외과'라고 표시된 곳은 성형외과 전문의가 아닌 다른 과목 전문의나 일반의가 성형수술을 하는 곳이다. 한마디로 '성형외과 전문의'만이 '성형외과의원'이라는 이름을 쓸 수 있는 것이다. 전문의 여부는 병원 내 포스터나 마크로도 확인할 수 있다. 하지만 대부분의 환자는 이런 간단한 차이를 잘 알지 못하거나 무시하기 일쑤다.

문제의 병원은 '진료과목 성형외과'인 일반 의원이었다. 바로 그 병원에서, 한 여성 환자가 지방이식 수술을 받다가 끔찍한 비극을 맞았다.

그녀는 예쁜 몸을 갖기 위해 지방이식수술을 택했다. 시술 경험이 여러 차례 있어 수술의 절차나 과정에 대해 잘 알고 있었다. 그는 아무런 의심 없이 수술대에 누웠다. 그리고 수면마취를 위해 프로포폴을 투여받았다. 프로포폴은 의료계에서도 안전성이 높다고 인정받는 약물이다. 그러나 단백질을 기반으로 만들어진 만큼, 한번 개봉된 약은 오염 위험이 매우 크다. 따라서 한 번 사용한 프로포폴은 반드시 폐기해야 한다. 남은 약물을 모아 재사용하는 것은 절대 있어서는 안 되는 행위다.

수술은 평범하게 시작됐다. 그러나 수술 중 환자는 갑자기 혈압이 떨어지고 쇼크 상태에 빠졌다. 의료진은 당황했고, 환자는 끝내 패혈성 쇼크로 사망했다.

조사 결과, 이 병원에서는 사용하고 남은 프로포폴을 따로 모아 보관했다가 다시 환자에게 주사하는 끔찍한 일이 벌어지고 있었다. 주사기 여러 개에 모인 오염된 약물이 환자 몸속으로 들어갔다. 결국 세균이 혈액에 침투해 장기를 공격했고, 생명을 앗아간 것이다.

처음에 병원장은 모든 책임을 부인했다.

"나는 몰랐다. 간호사들이 한 일이다."

그러나 결국 한 간호사가 양심 고백을 했다.

"사실은, 원장님이 지시했습니다."

수사는 빠르게 확대됐다. 프로포폴을 재사용한 이유는 단순한 약값 절감이 아니었다. 성형수술은 비급여 진료이기 때문에 병원 수익이 명확하게 드러나지 않는다. 그러나 프로포폴은 마약류로 관리되어 정부가 투여량을 전산으로 철저히 기록하고 있었다. 세무당국은 이 기록을 통해 병원의 수술 건수를 추정할 수 있었다. 병원은 세금을 줄이기 위해, 사용량을 줄이려고 프로포폴을 재사용했던 것으로 보인다.

우리는 보건소와 협력해 병원의 감염관리 실태를 철저히 조사했다. 소독 절차는 무시됐고, 기본적인 위생조차 지켜지지 않았다. 프로포폴 오염은 당연한 결과였다.

수사팀은 이 모든 정황을 집요하게 파헤쳤다. 강력계 시절 다루었던 사건처럼 작은 단서 하나도 소홀히 하지 않았다. 우리는 폐기장소, 약품 보관 방식, 간호사의 증언 그리고 병원 기록을 하나하나 대조했다.

그 결과, 병원장은 업무상과실치사상죄 및 마약류 관리법 위반 혐의로, 간호사들도 관련 혐의로 불구속 입건되었다. 비록 구속에는 이르지 못했지만 이 사건은 사회적으로 큰 충격을 던졌다. 환자의 생명을 가볍게 여긴 의료계의 민낯이 드러난 것이다.

나중에 들은 이야기로는, 피해자 유가족과 병원 측이 합의에 이르렀다고 했다. 그러나 한 사람의 생명은 어떤 보상으로도 되돌릴 수 없었다.

서울 강남의 반짝이는 불빛 속, 화려한 간판들 사이에서, 한 여성이 생명을 잃었다. 그 빛나는 도시에서 아무도 말하지 않았던 진실을, 우리는 집요하게 끌어내야 했다.

그것이 우리가 존재하는 이유다.

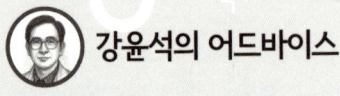 강윤석의 어드바이스

프로포폴, 단백질 기반 마취제의 감염 위험성

프로포폴은 정맥으로 주입하는 수면마취제로, 빠르게 의식을 잃게 하고 회복도 빠른 특성 때문에 전신마취 또는 수면내시경 등에 널리 사용된다. 이 약물은 지질 기반(단백질 포함)의 유제(乳劑) 형태이기 때문에 외부와 접촉 시 세균 증식이 매우 빠르다. 따라서 개봉 후에는 반드시 1회 사용하고 즉시 폐기해야 한다. 남은 약물을 보관하거나 재사용하는 것은 감염 위험을 극도로 높이는 행위다.

프로포폴은 방부제가 포함되지 않은 약물이다. 이 때문에 개봉된 바이알을 통해 환경에 노출된 미생물이 그대로 주사기를 통해 체내로 유입될 수 있다. 주사 부위의 국소 감염뿐 아니라, 심각한 경우 혈류 감염(패혈증)이나 패혈성 쇼크로 이어질 수 있으며, 환자의 면역 상태에 따라 치명적인 결과를 초래할 수 있다.

프로포폴과 유사한 용도로 사용되는 정맥마취제(예: 케타민, 에토미데이트 등)도 감염 관리 기준은 동일하다. 이들 역시 대부분 1회 용량으로 사용되며, 의료기관에서는 사용 직후 남은 약물을 보관하거나 다른 환자에게 재사용해서는 안 된다.

환자들 역시 의료기관에서 수면마취를 받을 경우, 반드시 1회용 주사제가 사용되는지, 개봉 직후 투약이 이뤄졌는지, 그리고 약물이 깨끗한 환경에서 준비됐는지를 확인할 필요가 있다. 치료 중 의심이 들 경우, 사용된 약품의 이름과 용량을 요청할 수 있으며, 의료진에게 사용된 주사제의 상태를 물어보는 것도 환자의 권리다. 의료진의 설명이 부족하거나 비위생적인 환경이 우려된다면 치료를 거부하거나 병원을 변경할 수 있다.

모든 약물은 생명과 직결된다. '알고 맞는 주사'가 가장 안전한 치료다.

15세 소년의 죽음 –
정신병원 약물 남용 사건 | 2015년 3월 |

2015년 3월. 서울의 한 정신건강의학과의원에서 충격적인 사건이 벌어졌다. 피해자는 고작 열다섯 살 소년이었다. 품행장애 증세로 입원 치료를 받고 있던 그는 갑작스레 혈압이 급격히 떨어지고 의식을 잃었다. 급히 인근 대형병원으로 이송되었지만 끝내 숨을 거두었다. 사인은 '다제약물 중독'이었다.

다제약물 중독이란 여러 약물을 동시에 사용했을 때, 각각의 약물이 상호작용을 일으켜 예상치 못한 부작용이 발생하는 경우를 말한다. 단일 약물의 치사량에 도달하지 않더라도, 여러 약물이 함께 작용하면 혈압 저하, 심정지, 호흡곤란 등 심각한 결과를 초래할 수 있다.

소년은 정신적으로 불안정했다. 집에서도 폭력적이고 난폭한 행동을 보였고, 결국 부모는 눈물로 그를 정신과 병원에 입원시켰다. 일반 로컬 의원에서는 정신과 병실이 따로 마련된 곳이 드물었다. 정신과 병동을 운영하려면 남자 간호사를 채용해야 하고, 폐쇄 병동 시설을 갖춰야 하며, 환자 관리도 까다롭기 때문이다. 하지만 ○○구에는 그런 조건을 충족한 병원이 있었다. 그래서 부모는 문제의 정신건강의학과의원에 소년을 입원시킨 것이다.

그러나 부모의 기대와는 정반대의 비극이 찾아왔다. 병실 내부 CCTV를 확보해 분석한 결과, 의료진이 소년을 강압적으로 다루는 장면이 포착됐다. 물론 환자가 난폭했기에 어느 정도의 제압은 불가피했겠지만, 장시간 강박하는 모습은 분명히 문제였다. 더 심각한 것은 약물 투여였다. 환자의 상태를 진정시키기 위해 여러 종류의 진정제를 동시에 투여했던 것이다.

약물은 힘을 빼고 움직이지 못하게 만들었다. 사람을 '안정'시킨다는 것은 쉽게 말해 '힘을 빼고 무력화시키는 것'이다. 그러나 여러 약물을 혼용하면 부작용이 폭발적으로 증가한다. 국립과학수사연구원의 부검 결과 역시 이를 뒷받침했다. 소년의 사망은 다제약물 중독에 의한 심정지로 확인되었다.

우리는 정신병원 의료진 8명을 업무상과실치사 혐의로 불구속 입건

하고 검찰에 송치했다. 원장은 자신의 치료에 문제가 없었다고 부인했지만, 모든 정황과 증거는 병원의 과실을 가리키고 있었다.

정신질환을 앓던 10대 환자에게 진정제를 과다 투여해 사망에 이르게 한 의료진을 입건했다는 뉴스는 큰 반향을 일으켰다.

당시 언론에 소개된 사건은 다음과 같다.

〈정신과 입원 10대환자, 약물 과다투여 사망〉

정신질환을 앓고 있는 10대 환자에게 진정제를 과다 투여해 숨지게 한 혐의로 의료진이 입건됐다.

'서울지방경찰청 광역수사대'는 A[15]군에게 약물을 과다 투여해 숨지게 한 혐의(업무상과실치사 등)로 서울시 한 정신과 의원 B(56) 원장과 간호사·간호조무사·보호사 등 총 8명을 불구속 입건해 지난해 11월 검찰에 송치했다고 3월 27일 밝혔다.

의료진은 행동장애 환자로 이 병원에 입원치료 중이었던 A군에게 클로로프로마진 등 진정제 계통 약물을 과다하게 투여해 죽음에 이르게 한 혐의를 받고 있다.

경찰은 국립과학수사연구원 감정 등을 토대로 여러 약물을 동시에 투약한 부작용으로 심정지 등이 생겨 A군이 사망한 것으로 파악했다. 이들은 환자의 저항을 막겠다며 허용된 범위를 넘어 A군을 강박·폭행한 혐의도 받고 있다.

- 데일리메디 2016. 03. 27

이 기사에서 말하는 '서울경찰청 광역수사대'가 바로 우리 의료사고 팀이다.

우리는 부모를 직접 만나 이야기를 나눴다. 아들은 난폭했지만, 부모는 그럼에도 살리겠다는 마음 하나로 병원에 맡겼다. "죽이라고 보낸 건 아니잖아요." 부모의 그 말이 아직도 귀에 생생하다. 황망하고, 억울하고, 믿을 수 없다는 절규가 가슴을 후벼팠다.

CCTV 영상을 부모님께 보여드렸을 때, 그들은 말문을 잃었다. 장시간 이어진 강박 그리고 사각지대에서 벌어졌을지 모르는 폭력. 부모들은 울며 말했다.

"이건 아니잖아요!"

정신보건법은 환자가 자해하거나 타인을 해할 위험이 명백할 때만 기록을 남기고 강박할 수 있도록 엄격히 규정하고 있다. 하지만 이 병원은 규정을 무시했다. 기록과 달리 필요 이상의 강박이 이뤄졌고, 그것이 CCTV에 고스란히 남아 있었다.

이번 사건은 의료기관에서 치료 중 환자가 사망했지만, 다제약물 부작용이라는 명확한 사망 원인이 있었기에 병사가 아닌 변사 사건으로 처리됐다. 이에 따라 유족이 강하게 이의를 제기하고 고소장을 제출하면서 사건은 우리 의료전담팀으로 넘어왔다.

대한법의학회는 지난 2018년에 '변사'를 다음과 같이 정의했다.
- 범죄 관련 또는 의심 사망
- 사고성 사망
- 자살 또는 자살 의심
- 부패 및 신원불상 시체
- 수중 사망 및 화재 연관 사망
- 사법 집행 과정 사망
- 복지수용시설 사망
- 급성 중독 사망
- 의료기관에서 사인 미상의 사망

사망 환자는 말을 하지 못한다. 대신 유족이 문제를 제기하고, 경찰이 진실을 밝히기 위해 나선다. 변사 사건은 언제나 그렇다. 그리고 의료사고는 단순히 환자가 사망한 것만으로 끝나지 않는다. 그 안에 은폐된 과실, 규정 위반, 무책임이 숨어 있는 경우가 많다.

정신과 역시 일반 병원과 마찬가지로 인간으로서의 존엄을 지키면서 치료해야 한다. 단순히 힘을 빼고 조용히 만들기 위해 약물을 남용하는 것은 인격적 살인이나 마찬가지다. 그리고 이 사건은 약물 남용은 '인격적 살인'을 넘어 실제로 사람의 목숨을 빼앗는 최악의 결과가 될 수도 있음을 보여주었다.

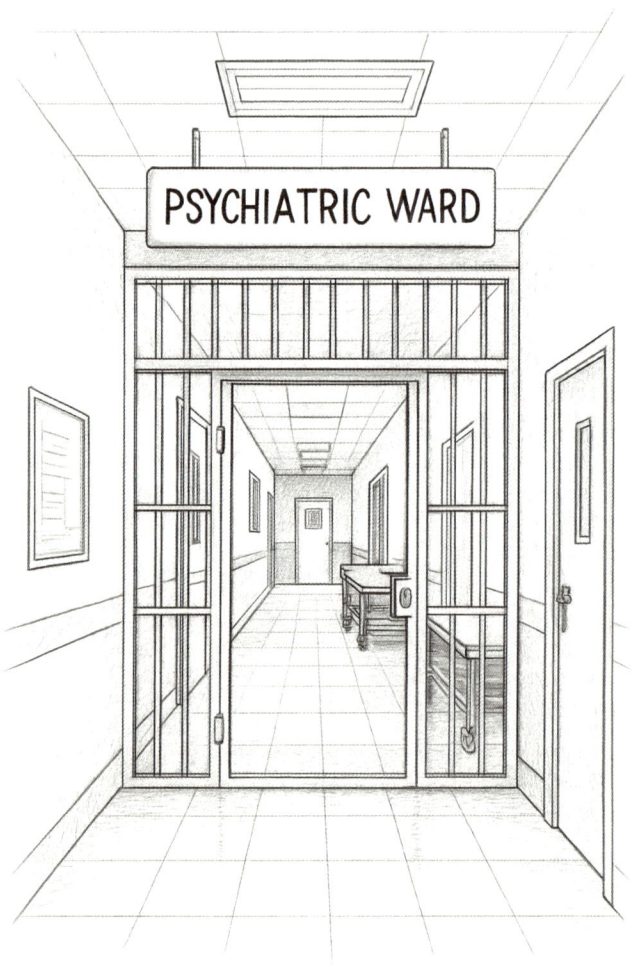

강윤석의 어드바이스

정신과 약물과 다제 병용의 위험성

정신과 치료에서 사용되는 약물은 뇌신경전달물질의 균형을 조절하여 감정, 행동, 사고 기능을 안정시키는 효과를 기대한다. 대표적인 계열로는 항정신병제, 항우울제, 기분조절제, 수면유도제, 항불안제 등이 있으며, 대부분 중추신경계에 직접 작용한다.

이러한 약물은 단일 사용보다 복수(다제) 병용 처방이 흔하게 이뤄지며, 환자의 증상에 따라 약물이 3종 이상 동시에 투여되는 경우도 적지 않다. 그러나 약물 간 상호작용이 명확히 규명되지 않거나, 특정 조합이 부작용을 유발할 가능성이 있는 경우에도 임상경험에 의존한 처방이 이뤄질 수 있다.

다제약물 중독은 생명에 위협이 되는 부작용으로 이어질 수 있다. 대표적인 부작용은 심혈관계 기능 저하, 의식 혼탁, 호흡 억제, 혈압 급강하 등이다. 특히 청소년이나 고령자의 경우 신체대사가 완성되지 않았거나 저하된 상태이므로 약물 농도에 더욱 민감하게 반응한다.

 따라서 정신과 입원 치료 시 처방 약물의 종류와 개수, 용량에 대해 보호자가 반드시 확인하는 절차가 필요하다. 특히 입원 환자의 경우 하루 복용하는 약의 목록을 간호사나 주치의로부터 받아두고, 불필요하게 중복된 성분이나 효과가 비슷한 약물이 있는지 살펴보는 것이 좋다. 청소년의 경우 약물 반응이 예측보다 과도하게 나타날 수 있으므로, 부작용 모니터링이나 의식 상태의 주기적 확인이 반드시 필요하다.
 정신과 약물은 증상만큼이나 섬세한 조율이 필요하다. 약물의 수는 효과보다 안전성에서 출발해야 한다.

숨겨진 천공 -
축농증 수술의 비극 | 2015년 11월 |

2015년 11월. 누구나 알 만한 큰 병원에서 축농증 수술 중 사망이라는 비극적 사건이 우리 의료사고 수사팀에 접수됐다.

축농증 수술은 기본적으로 비강 내시경을 이용해 코 주변의 부비동에 고여 있는 고름을 제거하거나 환기를 개선하는 수술이다. 기구를 코 안으로 넣어 시야를 확보하고 병변 부위를 제거하는 방식인데, 그 과정에서 방향을 조금만 잘못 잡거나 깊이를 조절하지 못하면 얼굴과 뇌를 구분하는 얇은 뼈, 바로 접형골(sphenoid bone)을 천공할 위험이 있다. 접형골은 두개골 바닥 한가운데를 이루며, 그 모양이 나비나 박쥐와 비슷하다.

천공이란 말 그대로 '뚫리는 것'을 의미한다. 접형골이 뚫리면 뇌척

수액 누출, 뇌출혈, 뇌염 같은 치명적인 합병증이 발생할 수 있다. 천공은 축농증 수술에서 드물지만 결코 전례 없는 일은 아니다. 그래서 수술 전부터 의사는 이런 위험을 인지하고 대비할 책임이 있다.

하지만 이 사건에서는 첫 단추부터 잘못 끼워졌다. 수술을 맡은 전공의는 천공이 발생했다는 사실을 전혀 인지하지 못했다. 환자는 수술 직후부터 어지럼증을 호소했고, 폐렴, 패혈증 같은 합병증이 이어졌다. 그러나 의료진은 근본 원인을 찾지 않고 대증요법만 반복했다.

"이거… 천공이 된 것 같은데."

담당 과장은 나중에야 문제를 깨달았다. 그러나 이미 돌이킬 수 없었다. 환자는 결국 뇌경색과 패혈증으로 사망했다.

이 사건을 맡은 우리는 수사를 시작했다. 참고로 병원 체계는 의원 → 병원 → 종합병원 → 상급종합병원 순으로 나뉜다. 의원은 개인의원이 대부분이고, 병원은 입원시설이 갖춰져 있으며, 종합병원은 진료과목 수와 전문 인력이 일정 기준을 넘어야 한다. 상급종합병원은 중증환자 중심의 국가지정 기관이다.

일반 로컬 의원에는 병동이건 수술실이건 CCTV가 거의 없다. 병원급 이상에서는 설치되는 경우도 있지만 당시에는 의무사항이 아니었다. 문제의 병원은 상급종합병원이었다. 병동 내 CCTV는 있었지만 수술실 내부에는 설치되어 있지 않았다. 그래서 수술 장면만으로 과실을 입증할 수는 없었다.

우리는 다른 방법을 찾아야 했다. 환자의 전자의무기록(EMR), 수술 오더, 간호일지, 의사와 간호사들의 진술을 모조리 확보했다. 하나하나 조심스럽게 맞춰봤다. 겉으로는 일관된 듯 보였지만, 작은 이음새에서 어긋남이 느껴졌다.

"팀장님, 여기는 기록이 빠졌습니다. 그리고 이 오더는 시간대가 이상합니다."

팀원들의 세밀한 분석이 이어졌다. 보호자 진술과 비교해보니 병원의 과실이 더욱 확연해졌다. 아무리 입을 맞춰도, 아무리 기록을 고쳐도, 모든 퍼즐 조각을 완벽히 끼워 맞추기는 어렵다.

이윽고 우리는 충격적인 사실에 다다랐다. 병원 측은 단순히 진술을 맞추는 데 그치지 않고, 자체 서버에 저장된 환자의 EMR, 즉 차트 자체를 조작했다는 것을 밝혀낸 것이다. 고친 흔적을 감추려 했지만, 전자의무기록은 수정 이력을 남긴다. 서버까지 조작하지 않는 이상, 완벽한 은폐는 불가능했다.

우리는 집요하게 추적했다. 담당의사의 오더 변경 시점, 간호사가 남긴 수행 기록, 보호자가 기억하는 환자의 증상. 작은 단서들을 끈질기게 모아 퍼즐을 맞춰나갔다. 마침내, 수술 중 접형골 천공이 발생했고, 이를 숨기기 위해 병원이 의무기록을 조작했다는 사실을 밝혀냈다.

우리는 집도의와 전공의를 업무상과실치사 및 의료법 위반 혐의로 불구속 입건했다. 의료법은 의무기록을 허위 작성하거나 조작하는 경우를 엄격히 금지하고 있다. 위반 시 의사 면허 정지나 취소까지 가능하지만, 현실에서는 솜방망이 처벌에 그치는 경우가 많다.

사건을 조사하면서 나는 또 한 번 의료계의 구조적 문제를 실감했다. 선민의식. 나는 특별하다는 착각. 그릇된 자부심이 문제를 키운다.

결과적으로 이 사건은 피해자와 병원 사이에 합의가 이뤄졌고 담당의사는 벌금에 3개월 정직 처분을 받았다. 법적으로는 이렇게 처리가 끝났다. 하지만 우리 팀에게는 피해자에 대한 안타까움이 여전히 남아 있다.

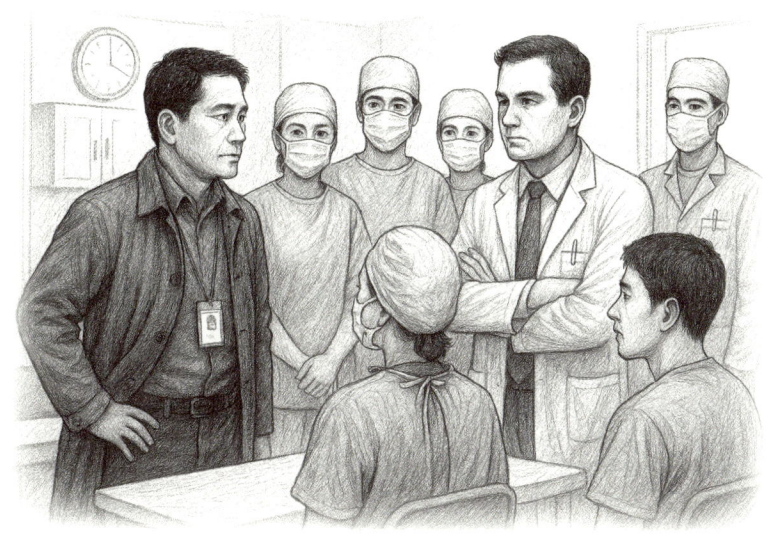

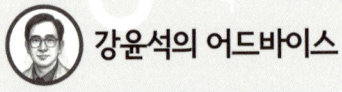 강윤석의 어드바이스

축농증 수술 중 천공(穿孔)과 그 위험성

축농증(부비동염)은 코 주변의 공기 주머니인 부비동에 염증성 고름이 차는 질환으로, 만성화된 경우 약물치료로 호전되지 않으면 수술이 필요하다. 대표적인 수술 방법은 내시경을 이용한 부비동 수술(FESS, Functional Endoscopic Sinus Surgery)이다. 이 수술은 코 안으로 내시경을 삽입하여 병변을 제거하는 비교적 표준화된 시술이지만, 해부학적으로 눈·두개강과 매우 가까운 구조로 인해 작은 실수로도 인접 기관을 손상시킬 위험이 있다.

수술 중 발생 가능한 합병증 중 하나가 천공(穿孔)이다. 이는 기계적인 손상에 의해 점막, 뼈 또는 혈관 구조가 뚫리는 현상으로, 주변 장기와 연결된 공간에 출혈, 기류, 감염 등이 발생할 수 있다. 부비동과 두개강 사이의 얇은 뼈가 손상되면 뇌척수액 누출이나 뇌막염, 출혈성 쇼크 등이 발생할 수 있다.

천공은 수술 직후 곧바로 확인되지 않을 수 있으며, 의료진이 인지하지 못할 경우 중대한 합병증으로 이어질 수 있다.

환자나 그 가족은 축농증 수술 전에 수술의 필요성과 위험성, 수술 부위의 해부학적 민감성에 대해 반드시 충분한 설명을 듣고, 고지 내용이 서면으로 제공되었는지를 확인해야 한다. 수술 후에는 출혈, 통증, 의식 저하, 발열, 오심 등 비정상적인 증상이 있을 경우 이를 단순한 회복 과정으로 여기지 말고, 즉시 의료진에게 알리는 것이 중요하다.

부비동 수술은 일상적이지만, 결코 '작은 수술'은 아니다. 미세한 천공 하나가 생명을 위협할 수 있다는 점을 환자와 보호자 모두 기억해야 한다.

쿨프렙과 고령 환자
장천공 사건 | 2016년 6월 |

2016년 6월. 서울 강남의 한 상급종합병원에서 70대 노인이 대장내시경을 준비하다 돌이킬 수 없는 사고를 당했다. 우리 의료사고 수사팀이 이 사건을 맡게 된 이유는 분명했다. 병원의 설명만으로는 도저히 납득할 수 없는 죽음이었다.

환자는 평소 건강검진 목적으로 대장내시경을 예약했다. 대장내시경은 대장암이나 용종을 조기에 발견할 수 있는 중요한 검사지만, 검사를 위해 장을 비우는 과정은 고령자에게 매우 위험할 수 있다. 이때 사용하는 약물이 '쿨프렙'이었다. 쿨프렙은 장 세척제다. 다량의 물과 함께 복용하여 대장의 찌꺼기를 배출시키는데, 장 상태가 약한 사람에게는 오히려 치명적일 수 있다. 장 내압이 높아져 장벽이 터지는 '장천공'으로 이어질 수 있기 때문이다.

환자는 쿨프렙 복용 이후 복통을 호소했다. 그러나 병원 측은 이를 단순한 증상으로 넘겼다. 곧 환자는 급격히 상태가 악화됐고, 복부 CT 촬영 결과 장천공이 확인됐다. 복강 내로 세균과 오염 물질이 퍼져 치명적인 패혈증이 발생한 것이다. 신속한 대처가 필요했지만, 환자는 결국 사망했다.

우리는 수사를 시작했다. 환자의 과거 병력, 간호일지, 의료진의 진술, 수술기록을 하나하나 대조했다. 수많은 기록 사이에서 이상한 점이 눈에 띄었다.

"팀장님, 복통 호소 이후에도 쿨프렙을 계속 투여했습니다."
"CT 촬영 요청 시점이 너무 늦었어요. 초기 대응이 너무 안일했습니다."

정황은 명백했다. 고령에 장 상태가 취약한 환자에게 대량의 장 세척제를 무리하게 투여한 과실. 이후 복통과 급격한 상태 악화에도 초동 대응이 미흡했던 태만. 이 모든 것이 환자를 죽음으로 몰았다.

하지만 병원 측은 끝까지 자신들의 과실을 부인했다. 이 과정에서 반복적으로 등장한 단어가 있었다. 바로 '임상'이었다.

의사들은 항상 말한다. "내가 임상 경험으로 10년을 해봤는데 아무 문제 없었다."

 교과서나 약전에는 분명히 환자 상태, 나이, 중증도에 따라 약물 사용 기준이 정해져 있다. 하지만 의사들은 자신들의 임상 경험을 근거로 이를 무시한다. 심지어 법원에서도 '임상 경험'은 강력한 방어 논리가 된다.

 "이 환자뿐만 아니라 비슷한 조건의 다른 환자들도 똑같이 투여했는데 아무 문제 없었다."
 "환자마다 상태가 다르기 때문에 일반화할 수 없다."

 틀린 말은 아니다. 그래서 문제를 삼기가 매우 어렵다. 의료 기록상 정식 프로토콜을 따랐다면, 아무리 피해가 있어도 과실로 인정받기 힘들다. 우리는 뻔히 알면서도 끈질기게 물고 늘어질 수밖에 없었다.

 "교과서에는 이렇게 써 있지 않습니까. 이 기준을 무시하면 위험하다는 걸 알면서 왜 무시했습니까."

 이렇게 하나하나 따져야 했다.
 상황이 이러니, 의료체계나 의료법을 모르는 피해자나 유가족이 의사나 병원을 상대로 싸우기는 사실상 불가능하다. 빠져나갈 구멍은 의료계가 이미 다 만들어둔 상태였다.

이럴 때 꼭 우리를 찾아오라고 말하고 싶다.

만약 피해자 가족이 변호사를 선임한다고 해도 상황은 어렵다. 의료기관은 소송이 시작되면 관련 논문, 임상 자료를 쏟아내며 자신들의 무과실을 주장한다. 변호사는 여기에 대응하려면 방대한 의학 지식을 공부해야 한다. 준비하는 데만 1년, 소송은 몇 년. 결국 시간과 비용 문제로 싸움을 포기하게 된다.

그러나 우리는 다르다. 우리는 경험이 많다. 억지 주장을 하지 않는다. 객관적인 자료를 모으고, 논리로 무장한다. 무엇보다 우리는 강제수사권을 가지고 있다. 병원에 가서 자료를 압수할 수 있고, 진술을 받을 수 있다.

그래서 의료수사팀은 피해자들에게는 유일한 버팀목이다. 변호사들도 감사해하고 있을 정도로 우리가 준비한 수사자료는 탄탄하다. 지푸라기라도 붙잡고 싶은 피해자의 입장에서는 천군만마와 같은 도움이다. 이게 우리가 존재하는 이유다.

결국 이번 사건도, 병원 측의 안일함과 무책임이 환자의 목숨을 앗아갔다. '임상 경험'이라는 말 뒤에 숨을 것이 아니라, 고령 환자의 위험을 미리 인지하고 대처했어야 했다.

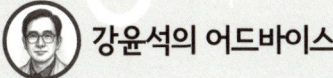

장정결제(쿨프렙)와 고령 환자의 복약 주의사항

 대장내시경 검사를 위해 사용되는 장정결제는 장내 이물 및 노폐물을 제거하는 역할을 한다. 가장 널리 사용되는 약물 중 하나가 폴리에틸렌글리콜(PEG) 계열의 장정결제, 상품명으로는 '쿨프렙(Coolprep)'이 있다. 이 약물은 수분을 끌어당겨 대변을 묽게 하고 장을 세척하는 방식으로 작용한다.

 쿨프렙은 상대적으로 안전한 장정결제로 분류되지만, 다량의 수분을 동반한 복용이 필요하며, 그로 인해 전해질 불균형, 탈수, 저나트륨혈증, 심혈관계 부작용, 그리고 드물게 장 천공(穿孔) 등의 합병증이 발생할 수 있다. 특히 고령 환자나 장관 벽이 약해진 환자, 복부 수술 병력이 있는 환자에게는 더 높은 주의가 필요하다.

 장정결제 복용 후 복통, 심한 구토, 복부 팽만, 전신 쇠약 등의 증상이 나타날 경우 장 손상이나 급성 질환이 진행 중일 가능성이 있으므로 즉각적인 중단과 진료가 요구된다. 또한 적절한 복용 간격과 수분 섭취 방법이 제대로 지켜지지 않으면, 위장관 기능이 급격히 저하된 상태에서 과도한 장 내 압력에 의해 장 천공이 발생할 수 있다.

  장정결제를 복용하기 전에는 반드시 본인의 나이, 기존 질환, 수술 이력 등을 의료진에게 상세히 알리고, 복용 가능 여부와 용량 조절에 대한 확인을 받아야 한다. 특히 70세 이상 고령자나 심장·신장 질환자, 장 질환 병력이 있는 환자는 개별 맞춤 처방이 필요하며, 동일한 방식으로 복용해서는 안 된다. 복용 후 복부 통증이나 이상 증상이 나타날 경우, 단순한 '장 청소 과정'으로 여기지 말고 병원에 즉시 알리는 것이 바람직하다.

  장정결제는 내시경을 위한 준비이자, 때로는 중대한 사고의 시작이 될 수 있다. 작은 증상도 놓치지 않는 경각심이 안전한 검사로 이어진다.

권대희 사건과
'수술실 CCTV법'의 시작 | 2016년 9월 |

2016년 9월. 서울 서초구에 있는 한 성형외과에서 대학생 권대희 씨가 양악수술을 받다 사망하는 사건이 발생했다. 이 사건은 단순한 의료사고가 아니었다. 우리가 수사에 착수하게 된 이유도 바로 그 지점이었다. 수술실 안에서 도대체 무슨 일이 있었는지, 끝까지 파헤쳐야 했다.

양악수술은 위턱(상악)과 아래턱(하악)의 뼈를 절단하고 재배열하는 고난도의 수술이다. 일반적으로 부정교합, 안면 비대칭 교정 또는 미용적 목적 등으로 시행되며, 출혈 위험이 높고 수술 시간도 길다. 수술은 반드시 전신마취 하에 이루어지고, 뼈를 절단하고 금속으로 고정하는 등 고위험 처치가 수반되기 때문에 환자의 상태에 따라 응급 상황이 발생할 수 있다.

권대희 씨도 수술을 무사히 마친 듯 보였다. 그러나 지혈이 제대로 되지 않았고, 환자는 수술 직후 급격히 상태가 악화됐다. 결국 응급으로 대학병원으로 전원됐지만, 과다출혈과 쇼크로 사망했다.

사건을 조사하던 우리는 병원 수술실에 설치된 CCTV 영상을 확보하게 됐다. 수술실 CCTV는 의료진의 처치 전 과정을 영상으로 기록하기 때문에, 의료 과실이나 위법 행위가 있었는지 판단하는 데 매우 강력한 증거로 작용한다. 실제로 이 사건도 CCTV가 없었다면 끝까지 묻혔을 가능성이 컸다.

CCTV 속 장면은 충격 그 자체였다. 의사는 수술 중 수차례 자리를 비웠고, 출혈이 멈추지 않는 환자를 간호조무사에게 맡긴 채 다른 수술방으로 이동했다. 지혈을 담당한 간호조무사는 수술 경험도 부족한 상태에서 스마트폰을 만지며 환자를 방치했다. 의료법상 간호조무사는 의사의 직접 지시 하에서만 업무를 보조할 수 있으며, 독자적으로 의료 행위를 할 수 없다. 그럼에도 이 병원은 사실상 간호조무사에게 지혈이라는 중요한 처치를 맡긴 셈이었다. 이는 명백한 무면허 의료행위다.

우리는 간호조무사를 무면허 의료행위 혐의로, 병원 원장을 업무상

과실치사 혐의로 입건해 검찰에 송치했다. 하지만 여기서부터 또 다른 싸움이 시작되었다. 서울중앙지검으로 사건이 이관된 이후, 예상치 못한 장벽에 부딪혔다. 담당 검사가 간호조무사의 혐의를 축소시켜 '지혈 정도는 위법이 아니다'라는 입장을 내세웠던 것이다.

하지만 그 정도 장벽에는 결코 포기할 수 없는 사람이 있었다. 바로 권대희 씨의 어머니였다. 그녀는 평범한 공무원이었지만, 아들을 잃은 이후에는 전국을 누비며 진실을 알리기 위해 싸웠다. 병원 앞, 국회 앞, 거리 어디에서든 1인 피켓 시위를 멈추지 않았다. 수술실 CCTV 영상을 수십 번 돌려본 그녀는 하나하나의 장면을 기억했고, 그 내용은 이후 국민적 분노를 일으켰다.

그녀의 노력은 결실을 맺었다. '권대희법'이라는 이름으로 수술실 CCTV 설치를 의무화한 법안이 국회를 통과한 것이다. 이 법이 있기 전까지만 해도 수술실 내부는 의료진만 아는 영역이었다. 환자와 보호자는 그 안에서 무슨 일이 일어났는지 알 길이 없었다.

이 사건을 수사하며 우리는 또 다시 의료계가 자주 사용하는 방어 논리와 마주했다. 바로 '임상 경험'이라는 말이다. 의료사고가 발생했을 때 병원 측은 자주 "교과서보다 임상 경험이 중요하다"며 처치를 정당화한다. 의사가 "10년 넘게 이 방식으로 치료했는데 문제가 없었다"고 주장하면, 법원에서도 이를 수긍할 가능성이 높아진다. 결국 교과서 기준은 무시되고, 과실 입증은 더 어려워진다.

 이처럼 의료 체계와 법, 병원의 방어 논리를 잘 모르는 유족 입장에서는 대응 자체가 벽처럼 느껴질 수밖에 없다. 이런 현실에서 의료수사팀의 역할은 결정적이다. 우리는 수사권을 가진 국가기관으로서 병원에 강제 자료 요청을 하고, 진술을 받을 수 있기 때문이다.

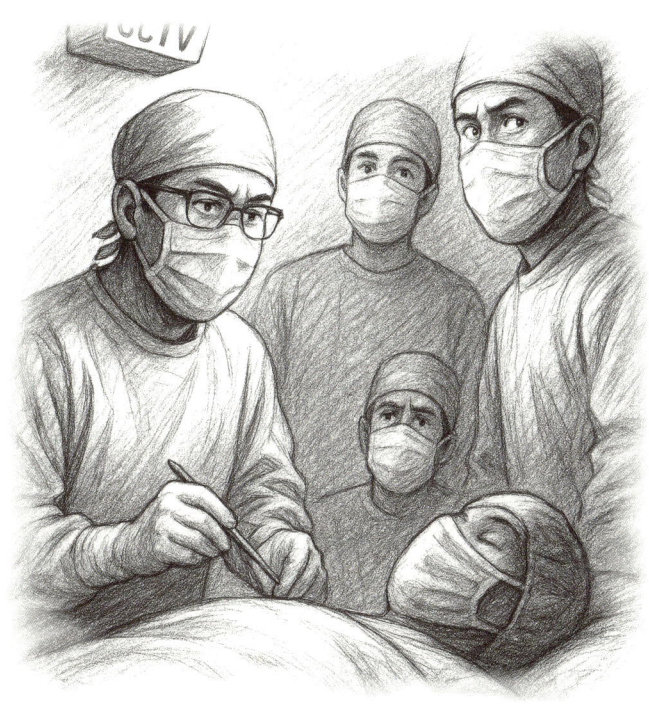

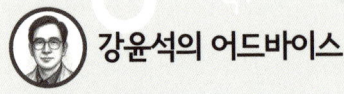
강윤석의 어드바이스

수술실 CCTV, 왜 필요한가

수술실은 환자가 마취로 의식을 잃은 상태에서 수술이 진행되는 공간으로, 환자 스스로는 상황을 확인하거나 기록할 수 없다. 이로 인해 의료사고가 발생했을 경우, 당시의 정확한 경위를 확인하기 어렵다는 문제가 꾸준히 제기되어 왔다. 이러한 맥락에서 등장한 제도가 바로 '수술실 CCTV 설치 의무화'이다.

수술실 CCTV 설치를 두고 의료계와 시민사회 간에는 입장이 첨예하게 갈린다.

의료계는 "환자의 프라이버시와 의료진의 자율성이 침해된다"는 이유로 반대한다. 실제로 수술 중 노출되는 신체 부위나 의료진 간의 의사소통, 고도의 집중이 필요한 장면이 외부로 노출되는 것에 대한 우려가 존재한다.

반면 시민사회 특히 피해자 유족 측에서는 "기록이 있어야 진실이 있다"는 입장이다. 의료사고 이후 수술 기록지, 의무기록 등은 병원 측이 관리하기 때문에 일방적 해석이 가능하고, 환자 보호자는 설명만 듣는 수동적 위치에 놓이기 쉽다는 것이다. 권대희 사건은 수술 환자에 대한 만연하고 무책임한 대처가 어떤 나쁜 결과를 가져오는지 보여주는 사례로 수술실 CCTV 설치에 대한 논의의 전환점이 되었다. 이 사건은 CCTV가 없었다면 밝혀지기 힘들었을 것이다.

수술실 CCTV는 모든 의료인을 잠재적 가해자로 만드는 장치가 아니다. 오히려 정확한 기록은 의료진의 책임을 명확히 하고, 억울한 오해로부터 보호하는 기능도 한다. 수술실에서의 책임 있는 의료 행위는 환자의 생명뿐 아니라 의료계의 신뢰를 지키는 일이며, CCTV는 그 기록을 남기는 최소한의 장치다. 진실을 말하기 위해선, 반드시 그 진실을 담을 영상이 필요하다.

대학병원
병사(病死) 위장 사건 | 2014년 12월 |

2014년 겨울, 모 대학병원에서 벌어진 사망 사건은 처음에는 아무에게도 알려지지 않았다. 그저 또 하나의 병사로 기록될 뻔한 환자의 죽음. 그러나 유족의 제보 한 통이 우리 의료수사팀을 움직이게 했다. 그리고 그 끝에는 믿기 어려운 진실이 숨어 있었다.

30대 남성 A씨는 만성신부전증과 당뇨, 심근병증, 고혈압, 스티븐존슨증후군 등 복합 질환을 앓고 있었다. 그는 괴사된 오른발 수술을 위해 입원했고, 약 5시간에 걸쳐 '전외측 대퇴부 피판술'을 받았다. 수술은 마취과와 성형외과가 함께 참여해 진행됐다.

환자는 만성신부전증을 앓고 있었다. 신장이 제 기능을 못하는 이 질환은 고혈압, 당뇨 같은 여러 합병증과 함께 환자를 괴롭힌다. 이 환자 역시 하지 괴사 증상까지 겹치면서, 결국 인대 재건 수술을 받게 됐다. 일반인이 생각하는 '성형외과'는 대개 미용 목적을 떠올리지만, 대학병원에서는 '재건 성형'이 중심이다. 사고, 괴사, 화상 같은 중증 환자들의 손상 부위를 복원하는 고난도 수술이다.

수술 직후 A씨는 회복실에서 3시간 30분가량 머무르며 통증 조절을 받은 뒤, 병원 10층 병동으로 옮겨졌다. 이때 성형외과 전공의 1년차였던 Y씨는 생리식염수 50ml에 펜타닐 0.5mg을 섞어 정맥 주사하라고 처방했다. 펜타닐은 모르핀보다 수십 배 강한 마약성 진통제로, 통상 수술 후 통증 완화를 위해 0.05~0.1mg을 근육 주사로 사용하며, 정맥 투여는 모니터링 장비를 갖춘 중환자 환경에서만 안전하다.

그러나 이 환자는 일반 병실로 옮겨진 상태였고, 모니터링 장비도 없었다. 정해진 기준의 5~10배에 해당하는 펜타닐이 정맥으로 들어간 지 30분 후, 환자는 급성호흡부전과 심정지를 일으켰다. 심폐소생술 끝에 심장은 다시 뛰었지만, 저산소성 뇌 손상이 발생했고 결국 뇌사 상태로 빠졌다.

이후 환자는 신장내과로 전과되었으나, Y 전공의는 전출기록지나 협진의뢰서에 펜타닐 투약에 대한 내용을 일절 적지 않았다. 단지 "심정지 이후 자발순환 회복 상태로 전과 문의를 드리니 선처 바란다"는 말만 남겼다. 대신 간호기록지와 처방 기록, 경과기록지에는 펜타닐 투약 내용이 간접적으로 언급되어 있었다.

의료법 제22조 제1항은 의료인에게 진료기록부를 갖추고, 진단과 치료 과정의 중요한 내용을 명확히 기재할 것을 의무화하고 있다. 특히 진료기록에는 주된 증상, 진단, 처치 내용과 투약 내역 등을 빠짐없이 기록해야 하며, 협진의뢰서와 전출기록지도 진료기록의 일부로 간주된다. 그러나 Y 전공의는 이를 이행하지 않아 의료법 위반 혐의가 함께 적용됐다.

검찰은 Y 전공의를 업무상과실치사와 의료법 위반 혐의로 기소했다. 재판에서 Y씨는 펜타닐 관련 내용은 경과기록지 등에 작성되어 있어 법적 의무는 다했다고 항변했다. 또한 환자의 사망은 혈액투석 중단 등 복합적인 요인 때문이지, 펜타닐 때문은 아니라고 주장했다. 하지만 법원은 이를 받아들이지 않았다.

서울동부지방법원은 판결문에서 "펜타닐 처방은 고위험 의료행위로, 진료기록에 반드시 명시되어야 하며, 특히 정맥투여는 집중관찰이 가능한 환경에서만 가능하다"고 지적했다. 또한 펜타닐 투약이 심정지와 저산소성 뇌손상이라는 결과를 초래했고, 이후 혈액투석 중단 결정은 결과적으로 피해자의 상태 악화 이후에 이루어진 것이므로 인과관계가 성립된다고 판단했다.

재판부는 환자의 저산소성 뇌 손상이 전과 이전에 이미 발생했으며, 이로 인해 사망에 이르렀음을 확인했다. 또한 환자를 인계받은 신장내과 의료진과 법의학자, 감정의들의 진술도 펜타닐 과다 투약이 결정적인 원인이었다고 일치된 의견을 내놓았다.

법원은 Y 전공의에게 금고 3년, 벌금 100만원의 형을 선고했다. 도주나 증거인멸의 우려가 없고, 유족에게 1억원을 형사공탁한 점 등을 고려해 법정 구속은 하지 않았지만 "의료진으로서 기본적 감시와 기록 의무를 저버린 결과, 환자는 회복 불가능한 뇌손상과 죽음에 이르렀다"며 그 책임을 엄중히 질책했다.

이 사건은 의료계에 몇 가지 중요한 메시지를 남겼다. 첫째, 고위험 약물에 대한 이해와 관리 체계의 부재가 얼마나 위험한지를 보여줬다. 둘째, 진료기록 작성의무가 단순 행정절차가 아니라 환자의 생명과 직결되는 책임이라는 점이다. 그리고 마지막으로, 아무리 기록을 빼고, 설명을 생략해도, 그 공백은 반드시 드러난다는 것이다.

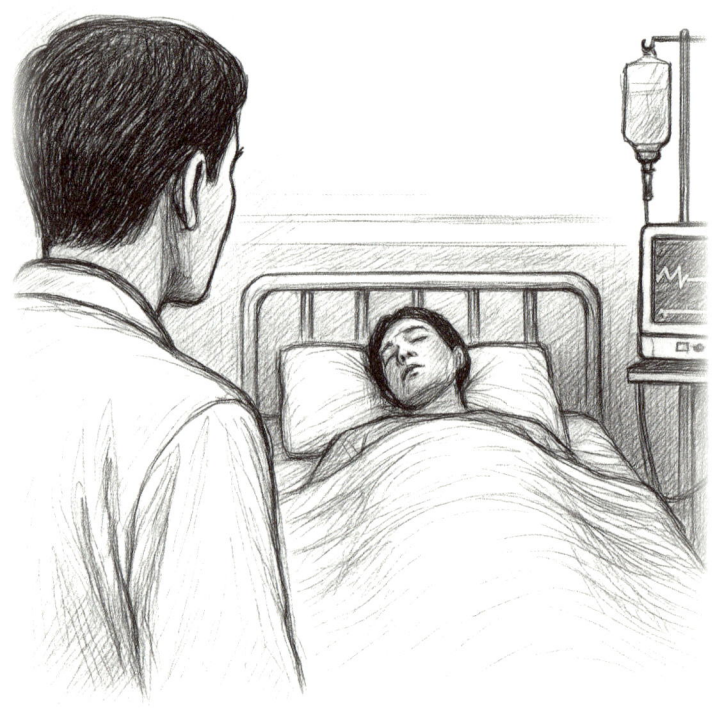

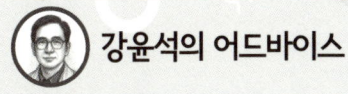 강윤석의 어드바이스

진통제 과다 투약과 병사 위장의 경계

마약성 진통제(예: 펜타닐, 모르핀 등)는 중증 통증 완화나 암성 통증 조절을 위해 널리 사용되며, 그 효과와 작용 속도가 매우 빠르다. 그러나 약물의 특성상 사용량의 경계가 매우 좁고, 투약 간격을 잘못 설정하거나 반복 투약이 이뤄질 경우 생명에 위협을 줄 수 있다.

특히 펜타닐은 마약류로 지정되어 있으며, 1회 사용량 기준이 엄격히 정해져 있어 의료기관에서 전산 관리된다. 환자가 자가 투약을 하거나 여러 경로(정맥, 패치 등)로 중복 노출될 경우, 호흡 억제, 의식 저하, 급성 호흡정지 등의 심각한 부작용이 발생할 수 있다.

본 사건에서처럼 대학병원 등 상급종합병원에서도 투약 오류 또는 과잉 처방은 발생할 수 있으며, 의료진이 이를 병사로 처리하는 경우 문제가 복잡해진다. 일반적으로 병원 측은 사망의 원인을 기존 병력 또는 병세 악화로 설명하며, '병사(病死)'로 사인을 기록한다. 그러나 실제로는 진통제 과다 투약, 투약 시간 누락, 전산 미기록 등으로 인한 사망 사례가 병사로 위장되는 경우도 있을 수 있다.

환자나 보호자는 중증 질환 치료 중에 마약성 진통제를 사용할 경우, 반드시 누가 언제 얼마의 용량을 어떤 경로로 투여했는지 확인하는 습관이 필요하다. 복용 중인 모든 진통제는 주치의에게 공유하고, 중복 처방 가능성에 대해서도 반드시 문의해야 한다. 또한 사망 시 사인을 단순히 병사로 받아들이기 전에, 의무기록 복사 및 투약 이력 확인을 요청할 수 있으며, 이상 징후가 있다면 의학적 감정을 통한 객관적 판단을 요구할 수 있다.

중요한 것은 기록이며, 그 기록을 보는 권리는 의료인뿐 아니라 환자와 보호자에게도 있다.

사무장 병원에서 벌어진
끔찍한 영아 살해 사건 | 2019년 3월 |

2019년 봄, 서울의 한 산부인과에 열여섯 살의 어린 소녀가 자신의 어머니와 함께 찾아왔다. 남자친구를 사귀다 임신을 한 것이었다. 아이를 지워야 되는데, 임신중절 수술할 병원이 마땅치가 않았다. 여기저기 알아보다가 인터넷을 통해서 서울에 이런 아이도 낙태해 주는 병원이 있다는 사실을 알게 되어 엄마와 함께 병원을 찾은 것이다. 소녀의 어머니는 낙태를 의뢰했고, 남자아이의 어머니는 현금 2,800만 원을 건넸다. 제왕절개를 동반한 낙태. 말도 안 되는 일이었지만 병원은 이를 수락했다.

수술은 조용히 진행되었다. 분만 당시 의료진은 탯줄이 달린 채로 아기를 받아냈고, 이 아기를 곧바로 플라스틱 통에 넣었다. 통 안에는 물이 담겨 있었고, 뚜껑은 곧 닫혔다. 34주 태아는 태어나면 인큐베이터에 안 들어가도 살 수 있다. 그러니까 중절 수술이 아니라 엄밀히 말하면 제왕절개를 통해 애를 끄집어낸 다음 '살해'를 하는 것이다. 의사는 플라스틱 통에다가 물을 받아 놓은 상태에서 애를 집어넣고 뚜껑을 닫아버렸다. 태아는 플라스틱 통 속에서 발버둥을 치다가 죽었다.

의사는 아이를 의료폐기물로 위장해 의료폐기물 처리업체에 넘겼다. 의문은 생겼다. 수거업체는 왜 아이를 몰랐을까? 그들은 말했다. "우린 의료폐기물을 밀폐된 상태로 받습니다. 감염 우려가 있어서 절대 열어보지 않습니다. 그냥 소각하면 끝입니다."

시간이 지난 후, 소녀는 산후처치를 받기 위해 엄마와 함께 같은 병원을 다시 찾았다. 하지만 병원은 이미 폐업 상태였다. 결국 그녀는 인근의 다른 산부인과를 찾았다. 그 병원의 의사는 소녀와 엄마에게 믿을 수 없는 이야기를 듣게 되었다. 열여섯 소녀가 제왕절개를 했는데, 아이는 '폐기물'로 버렸다는 이야기였다. 소녀의 엄마 입장에서도 이야기를 하지 않을 도리가 없었다. 열여섯 살짜리 아이가 아이를 낳은 상황을 설명하지 않고 어떻게 '산후처치'를 요청할 수 있었겠는가.

상황을 파악한 의사는 의료수사팀에 전화를 걸었다.

우리는 즉시 수사에 착수했다. 병원이 사라졌다고 해서 증거가 모두 사라지는 것은 아니다. 당시 수술에 참여한 의료진, 간호사, 조무사들을 소환했고, 실황조사 기법을 통해 수술 당시 상황을 하나하나 복원했다. 가상의 수술대에 아기 인형을 올려놓고, 누가 언제 어떤 처치를 했는지 하나씩 재연했다. 우리는 이 과정에서 '출연진'이라는 말을 쓴다. 사건의 실체를 입증하기 위한 연극 같은 작업. 그렇게 이 무대에서 우리는 진실을 재현해냈다.

핵심은 이 아이가 살아서 태어났는가였다. 산모와 의료진의 진술, 수술기록, 간호일지, 조무사의 입. 모든 정황은 아이가 자가 호흡을 시작했고, 울음소리도 냈으며, 분명히 살아 있었음을 말해주었다. 그런데 탯줄이 끊어지지 않은 상태에서, 물속에 넣고 뚜껑을 덮었다. 그 순간, 사람에서 시체가 되었다.

그 병원은 사무장 병원이었다. 의료인이 아닌 자가 병원을 운영하며, 고위험 불법 낙태 수술을 반복해왔다. 수사 결과는 충격적이었고, 해당 산부인과 원장은 결국 영아살해죄로 기소되었다. 형법 제250조 1항에 따라 사람을 살해한 자는 사형, 무기 또는 5년 이상의 징역에 처해진다. 대법원은 이 사건을 유죄로 확정하며, '살아있는 생명체에 대한 고의적 살해'로 판단했다.

이 판결은 단지 한 사건에 대한 처벌을 넘어서 판례로 남았다. 판례란 같은 유형의 사건이 발생했을 때 판사의 판단 기준이 되는 기준점이다. 이 사건이 없었다면, 향후 또 다른 유사 사건에서 살인이 아닌 단순 낙태로 판단될 가능성도 존재했다. 우리는 이번 수사를 통해 의료와 법의 경계선에 확고한 기준을 세웠다. 생명은 무게다. 그 무게를 무시하고 행해진 의료행위는 더 이상 의술이 아니다.

우리 팀에게도 이 사건은 특별했다. 실황조사를 통해 모든 진술을 하나하나 검증했고, 물속에서 발버둥쳤던 아이의 마지막 몸짓을 다시 그리며 진실을 끌어냈다. 우리는 법의 이름으로 진실을 재현했고, 판결로 그 가치를 증명했다.

사실 그 병원이 그 장소에서 계속 영업을 하면서 처치를 했으면 모르고 넘어갔을 사건이다. 즉, 그 아이 말고도 그 병원에서는 비슷한 일들이 많이 있었을 거라는 게 합리적인 의심이다. 뿐만 아니라 전국에 이런 낙태 수술을 해주는 병원은 더 있다. 아직 재판 중인 사건도 있고.

진실은 지워지지 않는다. 병원이 사라져도, 기록이 사라져도, 그날의 물소리와 발버둥치는 아이기의 울음소리는 여전히 들린다. 그리고 우리는 그 소리를 끝까지 좇는 사람들이다. 세상에는 좋은 의사들이 많지만 나쁜 의사도 많다. 우리가 하는 일은 알고 보면 좋은 의사 나쁜 의사 구분해서 사람들에게 알려주는 일이 아닐까 싶기도 하다.

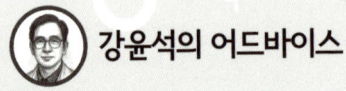 강윤석의 어드바이스

사무장 병원의 구조적 위험성과 실질적 피해

'사무장 병원'이란 의료인이 아닌 사람이 병원의 실질적인 운영권을 가지고, 의료인을 명의상 대표자로 세워 영리 목적의 병원 경영을 하는 불법 의료기관을 말한다. 보건복지부와 건강보험공단은 이를 '비의료인의 불법 개설기관'으로 규정하고 있으며, 의료법 제33조에 따라 금지하고 있다.

사무장 병원은 수익을 극대화하기 위해 인력·장비·약물 등 모든 운영 요소를 비의학적 기준으로 결정한다. 이로 인해 무자격자의 시술, 수술실 인력 부족, 간호조무사의 무면허 의료행위, 과잉 진료 및 보험 부정 청구 등의 구조적 위험이 내재되어 있다. 사실 사무장 병원을 원내 조직 구조나 의료진 구성, 인허가 서류 등을 통해 일반 병원과 구별하기란 쉽지 않다. 이는 환자 입장에서 직접 확인할 수 있는 정보가 매우 제한적이기 때문이다.

사무장 병원은 대부분 상호에 '○○의원' '○○병원' 등의 명칭을 사용하며, 내부 조직 구조나 의료진 구성, 인허가 서류 등을 통해 일반 병원과 구별하기는 어렵다. 환자 입장에서 직접 확인할 수 있는 정보는 매우 제한적이다.

따라서 의료기관을 선택할 때는 병원의 진료과목 외에 의료진의 전문의 자격 여부, 대표자의 면허번호, 보건복지부 인증 여부 등을 확인하는 것이 필요하다. 또한 설명이 부족하거나, 시술 비용이 비정상적으로 낮고, 인력 구성(예: 간호조무사가 전면 진료에 나서는 경우)이 이상할 경우, 사무장 병원의 가능성을 의심해 볼 필요가 있다.

사무장 병원은 의료기관이 아니라 '영리업체'이며, 환자의 생명은 이윤의 뒷순위로 밀려난다. 가격보다 신뢰, 광고보다 전문성을 우선하는 것이 사무장 병원을 피하는 첫걸음이다.

분만실 신생아 낙상과
조직적 은폐의 전말 | 2016년 8월 |

운명의 그날, 젊은 부부는 두 번째 아기를 맞이하기 위해 긴장된 마음으로 수술실 앞에 서 있었다. 첫 아이를 유산한 아픈 기억이 있었기에, 이번 아이만큼은 조심하고 또 조심하고 싶었다. 산부인과 명성이 높은 병원을 선택한 것도 그 때문이었다. 처음 다닌 곳은 동네 산부인과 병원이었는데, "아이가 아주 건강한 편은 아니니 큰 병원을 가봐라" 하는 권유가 있었고, 그래서 택한 것이 산부인과로 유명한 그 병원이었다.

의사는 제왕절개를 권했다. 부부는 권유를 받아들였고, 그저 아이가 무사히 태어나기만을 빌었다. 하지만 부부의 바람과는 달리 병원에서는 믿기 힘든 일이 벌어지고 말았다.

수술은 계획대로 진행되었고, 아이는 무사히 세상에 나왔다. 아이를 받아낸 의료진은 전공의에게 아기를 건넸다. 전공의는 소위 '몸무게 재는 바구니'로 불리는 신생아용 측정대로 아이를 옮기려 했다. 문제는 그때 일어났다. 전공의는 평소처럼 병원 의료진들이 즐겨 신는 '슬리퍼형 신발'을 신고 있었다. 의료진이 그 신발을 즐겨 신는 이유는 '미끄럼 방지'다. 그러나 이날, 바로 그 신발이 문제가 되었다. 약간 큰 사이즈의 신발을 신고 있던 전공의가 바구니를 향해 걸어가다 딱 멈췄는데, 신발 속에서 놀던 발은 멈추지 못하고 안에서 살짝 밀리면서 갑작스레 균형이 무너지고 말았던 것이다. 그리고 전공의의 몸이 흔들리면서 품에 안고 있던 아기의 머리가 바닥으로 떨어졌다. 머리가 부딪히는 소리는 작았지만, 충격은 컸다. 수술실 안의 모두가 얼어붙었다.

일순간의 침묵 이후 상황은 빠르고 조용히 정리되었다. 소아중환자실(NICU)로 급히 이동한 아기는 영상의학과에서 이동식 CT기를 옮겨와 즉시 검사를 받았다. 결과는 참혹했다. 두개골 골절이었다.

병원은 이 사실을 환자 보호자에게 알리지 않았다. 내부 논의 끝에 "원래 아이의 상태가 좋지 않았다", "안타깝게도 불가항력적인 사망이었다"라고 설명하기로 입을 맞추었다. 그리고 그렇게 진단서를 발급했다. 부모는 아기가 자연스럽게 병사한 것으로 알고 장례를 치렀다. 부검은 없었다.

다행히 진실은 아직 지워지지 않았다. 몇 달 후, 우리 의료사고 전담 팀에 이 사건이 제보되었다. 우리는 구체적인 제보 내용을 토대로 압수수색영장을 발급받아 수사에 나섰다.

수사를 시작할 당시, 우리는 의무기록 어디에서도 낙상의 흔적을 찾을 수 없었다. 만일 기록이 수정되었거나 삭제되었다면 서버에 흔적이 남아야 했지만 서버 어디에도 '수정'이나 '삭제'의 흔적조차 없었다. 우리는 제보가 잘못되었을 수도 있다고 생각했다. 제보가 사실이 아닐 수도 있다는 내부 반론도 있었다.

하지만 끈질기게 추적한 결과 단서가 지워지지 않고 있었다. 당시 이동식 CT 촬영을 담당했던 영상의학과 컴퓨터에 원본 영상이 병원 메인 서버로 전송되지 않고 영상의학과 자체 시스템에 저장된 상태였다. 우리는 그 영상에서 두개골 골절 소견을 확인했다. 이 결정적 증거를 바탕으로, 우리는 수사의 고삐를 당겼다.

병원의 전산팀, 서버 관리자, 당시 전공의와 책임 의사들까지 모두 불러모았다. 병원의 널찍한 강당에 모인 이들 앞에서 우리는 PPT를 띄워놓은 채 한 명 한 명에게 물었다.
"서버 기록은 누가 지웠습니까?"
"접근 권한은 누구에게 있었습니까?"

그러나 병원 서버는 관리 권한이 너무나도 넓게 분산되어 있어, 누가 언제 접근했는지 명확히 특정할 수 없었다. 다만, 누군가가 조직적으로 전자의무기록과 서버 백업을 통째로 조작했다는 정황은 분명히 존재했다.

수사는 서버 제조사와 관리업체, 그리고 병원의 내부 시스템까지 포괄하는 형태로 확장되었다. 우리는 병원의 구조 자체가 은폐를 가능하게 만들고 있음을 확인했다. 결과적으로 몇몇 의료진이 구속되었고, 병원의 은폐 시도는 명백히 드러났다. 하지만 서버 조작의 최종 책임자가 누구였는지는 끝내 밝히지 못했다.

우리는 진실은 아무리 깊이 묻어도 흔적이 남는다는 것을 다시 한번 확인할 수 있었다. 우리가 하는 일은 병원이라는 울타리 안에 숨겨진 바로 그 흔적을 찾아 세상에 꺼내는 일이다.

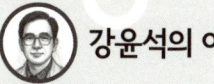 강윤석의 어드바이스

무조건 안심해서는 안 되는 신생아실 사고

신생아 낙상이란 출산 직후 또는 신생아실에서 신생아가 침대, 이동 카트, 의료진 품 등에서 지면으로 추락하는 사고를 말한다. 한국의료분쟁조정중재원 통계에 따르면, 신생아 관련 의료사고 중 낙상은 매년 5~10건 이상 꾸준히 보고되고 있으며, 상당수가 병원 측 과실과 관련이 있다.

낙상은 대부분 출산 직후의 혼잡한 분만 환경이나 신생아실에서 인력 부족 또는 감시 소홀, 이동 중 미끄러짐 등에 의해 발생한다. 신생아의 두개골은 연골 상태로 매우 약하며, 체온 유지와 점액 제거, 간호사의 신체 접촉 등이 빈번한 상황에서 단 한 번의 실수로도 심각한 두부외상, 출혈 의식 저하로 이어질 수 있다.

낙상 외에도 신생아실에서는 수유 중 기도 폐쇄, 신생아 교환 사고, 미숙아 호흡곤란에 대한 대처 지연, 감염 전파 등이 주요 사고 유형으로 보고된다. 특히 병원 내 감염은 폐렴, 패혈증 등으로 확산되기 쉬우며, 면역력이 약한 신생아에게는 치명적이다.

분만 전 병원을 선택할 때 분만실과 신생아실의 인력 구성, 24시간 간호 인력 상주 여부, 응급 대응 매뉴얼 유무 등을 미리 확인할 필요가 있다. 분만 직후 아기의 상태에 이상이 있거나, 병원 측의 설명이 모호할 경우, 의무기록과 분만경과지 열람, 영상 자료 존재 여부를 적극적으로 요청해야 한다.

신생아는 스스로를 방어할 수 없다. 그렇기에 보호자는 질문할 권리와 기록을 요구할 권리를 반드시 행사해야 한다. 사고의 유무를 떠나, 출생의 순간이 기록되고 존중받는 구조가 필요하다.

강남의 한 수술실,
그리고 돌아오지 못한 홍콩 여성 | 2020년 1월 |

2020년 1월, 강남구 신사동의 ○○의원에서 벌어진 한 사건이 나의 수사 기록 속에 깊게 남아 있다. 피해자는 스물네 살의 홍콩 여성 A씨였다. 세계적인 의류 브랜드 창업주의 외손녀로, 한국에는 성형시술을 받기 위해 여러 차례 방문한 적이 있는 인물이었다. 이번에는 복부, 팔, 허리 등 전신 지방흡입 수술을 받기 위해 다시 한국을 찾았고, 수면마취를 동반한 수술을 예약했다.

그날 수술은 예정보다 늦게 시작되었고, 정맥으로 투여된 프로포폴이 그녀의 혈관을 타고 흐르며 의식을 잃게 했다. 이후 지방흡입 수술이 시작되었는데, 갑자기 모니터의 심박수가 불안정해지더니 이내 멈춰버렸다. 심정지였다. 의료진은 심폐소생술을 시도했고, 곧바로 인근 대형 병원으로 이송했지만 이미 손쓸 수 없는 상태였다. A씨는 끝내 사망했다.

우리는 관할서로부터 이 사건을 인계받아 수사에 착수했다.

프로포폴은 다른 마취제와 마찬가지로 비교적 안전하지만 잘못 다루면 위험성이 큰 약물이다. 이 때문에 투여 중 환자의 심박, 산소포화도, 호흡 상태 등을 1:1로 모니터링하는 것이 필요한데, 그 병원은 기본적인 감시 장비조차 제대로 갖추고 있지 않았다. 수술 당시 마취과 전문의도 없었고, 간호조무사가 환자 상태를 방치한 채 수술이 진행된 정황이 드러났다. 수술실 CCTV도 없었다.

현장 조사와 관련 기록 분석을 통해 나는 의료기관이 단순히 실수를 넘어서 구조적으로 허술한 시스템 속에서 수술을 감행했음을 확인했다. 수면마취는 단 한 명의 환자를 대상으로 최소 두 명 이상의 인원이 집중적으로 감시해야 하는 고위험 절차다. 그러나 이 병원은 위험한 약물에 대한 경각심도, 안전관리체계도 없었다.

A씨가 한국에서 숨졌다는 사실은 곧 외신에 보도됐고, 피해자 본국의 한국 대사관에도 사건이 전해졌다. 그녀가 '재벌가 자제'라는 사실이 알려지면서, 사건은 외교적 긴장으로 이어질 조짐을 보였다. 나는 경찰청 외사과와 함께 영사관과 협조하며, 철저하고 투명한 수사를 진행하겠다고 약속했다.

수사 결과를 바탕으로 나는 의료진을 업무상 과실치사 혐의로 기소

의견을 달아 송치했다. 그러나 법원은 다른 판단을 내렸다. 의료진의 책임은 인정했지만, 사망 원인과의 직접적 인과관계를 입증하기 어렵다는 이유로 무죄를 선고한 것이다. 나는 그 결과에 동의하기 어려웠다. 환자가 심정지를 일으킨 그 순간부터 병원의 대응은 매뉴얼을 한참 벗어난 것이었고, 최소한 의료시스템의 중대한 결함은 분명했기 때문이다.

A씨 유족과 홍콩 언론은 한국 사법부의 판단에 강한 유감을 표시했다. 그리고 나 역시 이 사건을 통해 다시 한번 의료사고 수사의 어려움과 구조적 한계를 절감했다. 환자가 외국인이든 내국인이든, 생명은 동등하다. 그 생명이 한국의 의료 현장에서 멈췄다면, 그 경위를 끝까지 밝혀내는 것이 나의 일이다.

돌이켜보면, 이 사건은 단순한 의료사고가 아니었다. 시스템의 붕괴였다. 환자의 생명을 책임져야 할 병원이 오히려 그 생명을 놓치는 과정을 무력하게 바라보는 현실. 프로포폴의 위험성, 의료 인력 부족, 생체 신호 모니터링의 미비함, 수술실 CCTV 부재 등, 하나하나가 모여 치명적 결과를 만들었다.

의료는 과학이지만, 그 과학을 움직이는 건 사람이다. 우리는 종종 의사 한 명의 과실만을 문제 삼지만, 그 이면에는 병원의 시스템, 관리, 책임구조가 놓여 있다. 나는 이 사건을 통해 의료사고 수사의 본질이

'누가 잘못했는가'를 따지는 데 그치지 않고, '어떻게 이런 일이 반복되지 않도록 할 것인가'에 있다고 확신하게 됐다.

진실은 단지 실수에서 비롯되지 않는다. 때론 방치와 무관심, 관리 체계의 무너짐에서 생겨난다. 우리는 그런 틈을 좇는 사람들이다. 환자가 외국인이든 내국인이든, 유명 인물이든 무명 인물이든, 내게 중요한 건 오직 하나, 생명이 사라진 그 순간에 무슨 일이 있었는가다.

그날 수술실에서 벌어진 일은 그렇게 하나의 생명을 앗아갔다. 나는 그 진실을 기록했다. 그리고 다시는 같은 일이 반복되지 않기를 바라며, 다음 사건을 준비한다.

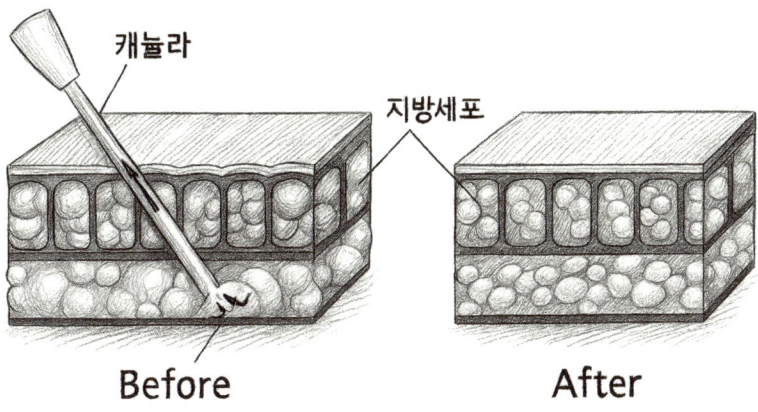

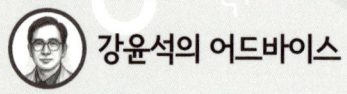 강윤석의 어드바이스

지방흡입 수술의 위험성과 외국인 환자의 주의사항

지방흡입술은 피하 지방층을 특수한 캐뉼라(금속 관)를 통해 제거하는 대표적인 미용 수술이다. 주로 복부, 허벅지, 팔, 얼굴 부위 등에 적용되며, 시술 시간은 비교적 짧고 회복도 빠른 편이지만, 출혈, 혈관 손상, 감염, 마취 합병증 등 다양한 위험이 존재한다.

특히 대용량 지방흡입은 수술 중 대량 출혈, 체액 불균형, 지혈제 투여 후 부작용, 수면마취 도중 호흡억제 등의 위험성을 동반한다. 마취는 대부분 전신이 아닌 수면유도제(예: 프로포폴)를 이용해 시행되며, 투약량 과다나 회복 과정의 모니터링 부족은 급성 저산소증, 심정지 등으로 이어질 수 있다.

또한 미용성형 시술이 집중된 지역(강남, 압구정 등)에서는 비전문의가 운영하는 의원급 의료기관도 많아, 전문적인 안전관리 체계가 부족할 수 있다. 지방흡입 수술이 단순한 외형 시술로 여겨지면서, 마취과 전문의가 상주하지 않거나, 간호조무사가 단독 투약을 하는 경우도 문제로 지적되고 있다.

한국의 의료관광은 세계적으로 높은 수준을 자랑하지만, 비전문의 운영 병원, 상업적 의료기관, 정보 부족 등으로 인해 사고가 발생할 가능성도 존재한다. 외국인 환자일수록 병원의 규모, 마취전문의 상주 여부, 수술 전후 관리 체계, 응급대응 시스템 등을 객관적으로 확인할 필요가 있다.

의료정보가 제한된 상태에서 가격만 보고 수술을 결정하기보다 수술의 위험성, 회복기간, 시술 병원의 전문성에 대한 설명을 충분히 듣고 서면 동의서를 교부받아야 하며, 의료통역과 보호자가 반드시 동행하는 것이 안전하다.

미용 목적의 수술이라 하더라도 생명을 다루는 '의료행위'임을 결코 잊어서는 안 된다.

담낭절제 수술과
되돌릴 수 없는 실수

어느 날, 서울의 한 병원에서 담낭절제술을 받았던 환자가 사망했다는 보고를 접했다. 나는 수사 초기, 이 사건을 단순한 수술 후 합병증으로 볼 수도 있다고 생각했다. 담낭절제술, 그러니까 흔히 '쓸개 제거 수술'은 비교적 안전한 수술로 알려져 있었기 때문이다.

하지만 수상했다. 환자는 젊었고, 수술 직후 '회복 중'이던 상황에서 갑자기 혈압이 떨어지고, 결국 다른 병원으로 옮긴 후 사망에 이르렀기 때문이다. 환자가 이송된 병원은 대학병원이었는데, 그곳에서조차 진단은 갈팡질팡했다. 결국 뇌출혈이라는 오진까지 내려졌고, 필요한 수혈도 제때 이뤄지지 못했다.

수사의 첫 단서는 '담관'이었다. 내가 수술기록을 검토하면서 알게 된 건 이랬다. 수술을 집도한 외과의사는 '담낭관'과 '총담관'을 혼동했다. 담낭은 간 아래 붙어 있는 기관으로, 담즙을 저장했다가 음식물 소화 시 분비하는 역할을 한다. 담낭을 제거할 때는 담낭관을 절단해야 하는데, 이 의사는 총담관을 자르고 말았다. 이 실수는 곧 '담도 협착'을 유발했고, 담즙이 역류하면서 환자의 상태는 급격히 나빠졌다.

그보다 더 충격이었던 건, 이 치명적인 실수를 '은폐'하려 했다는 점이다. 진료기록부에는 이 중대한 의료과오에 대한 언급이 없었다. 오히려 간단한 수술처럼 포장되어 있었고, 이후 환자 상태 악화에 대한 분석이나 대처 계획도 없었다. 의료진이 조직적으로 사건을 축소하고 회피했다는 정황이 서서히 드러나기 시작했다.

나는 이 사건에서 수술실 내부의 전자의무기록 시스템 로그와 CCTV 확보에 주력했다. 하지만 병원은 수술실 내 CCTV가 없다고 했다. 진료기록부는 수정 흔적이 없었고, 오히려 너무 매끄럽게 정리되어 있었다. 마치 사건이 '없었던 것처럼' 만들어진 느낌이었다.

그래서 나는 이전 사건들에서 효과를 봤던 방식으로 접근했다. 의료진 전원을 불러다 그날의 수술을 '재연'하도록 요청했다. 수술 장면을 시뮬레이션하고, 각자의 위치, 행위, 판단 과정을 하나하나 물었다. "그 순간, 무엇을 보고 담낭관이라고 판단하셨습니까?"라는 질문에, 집도의는 말문이 막혔다.

담관을 혼동한 실수, 누구나 할 수 있다. 의사도 인간이기 때문이다. 하지만 문제는 그 실수를 인지한 뒤였다. '그럴 수도 있다'고 생각하고 넘어가려 한 순간, 의사는 더 이상 보호받을 수 없는 사람으로 바뀐다. 실수를 감추기 위해 진료기록부를 허위로 작성하고, 환자의 상태를 축소 기재하며, 전원 병원에는 진실을 전달하지 않았다.

그리고 그 결과, 전원된 상급병원에서는 환자가 담도 협착으로 쇼크에 빠진 상황을 '뇌출혈'로 오진하게 된다. 전원 당시 혈압은 이미 바닥을 치고 있었고, 출혈을 멈추기 위한 수혈은 지연됐다. 단 30분만 빨랐다면 살릴 수 있었을지도 모른다는 생각이 머릿속에서 떠나지 않았다.

가족들은 그 사실을 전혀 알지 못했다. 처음엔 단순한 수술이라 믿었고, 회복도 순조로웠다. 하지만 갑작스럽게 "환자가 위중하다"는 통보를 받고 허겁지겁 달려간 병원에서는 이미 아이는 의식이 없었다. 내가 가족을 처음 만났을 때, 그들은 "도대체 무슨 일이 있었던 거냐"며 눈물로 묻고 또 물었다.

나는 사실대로 말했다. 그리고, 사건을 책임지도록 만들겠다고 약속했다.

수사는 단순하지 않았다. 병원 측은 "기억이 나지 않는다", "그런 진술을 한 적 없다"는 식으로 태도를 바꿔갔다. 하지만 나는 기록과 진술 사이의 모순을 통해 사건의 진실을 하나씩 끌어냈다. 수술 후 CT 영상, 간호사의 메모, 수술 직후 혈압 변화 기록, 전원 지연 보고서. 조각들을 이어 붙이니, 하나의 서사가 완성됐다.

　한편으로는 안타까웠다. 내가 만난 의사들은 정말 환자를 살리기 위해 최선을 다한 이들이 대부분이었다. 하지만 이 병원은 아니었다. 나는 인터뷰 중 이렇게 말한 적이 있다. "의료사고는 전체 의료계로 보면 아주 드문 일입니다. 하지만 저희는 그런 사건만 다루다 보니 자주 접하는 것처럼 느껴지는 겁니다. 모든 의료인이 나쁜 사람이라고 생각하지는 말아야 합니다."
　그 말은 지금도 유효하다. 다만, 실수를 실수로서 인정하고, 다음에는 반복하지 않기 위한 진정성은 반드시 필요하다. 그것이 없다면, 생명을 다루는 직업은 자격을 잃게 된다.

　나는 이 사건을 검찰에 송치하면서, '업무상 과실치사' 외에도 '진료기록부 허위 작성' 혐의를 함께 적시했다. 왜냐하면 이 사건의 핵심은 '실수'가 아니라, '은폐'였기 때문이다.
　그날 이후 나는 다시 매뉴얼을 손에 들었다. 수술 중 담관 식별을 위한 표준 절차, 담도 협착의 징후 체크리스트, 쇼크 대응 프로토콜까지 하나하나 점검했다. 경찰의 일이란 건, 어쩌면 반복된 비극에서 다음 생명을 지키기 위한 안전지침을 만드는 일인지도 모른다.

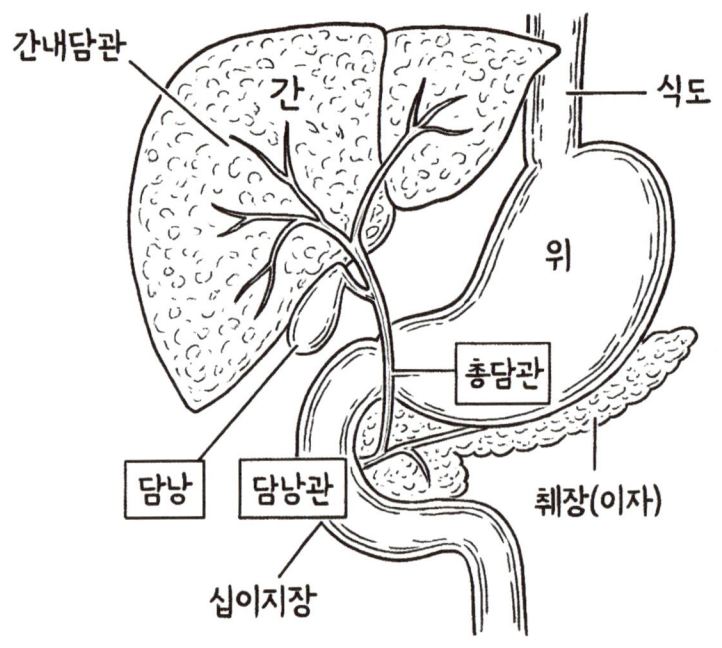

강윤석의 어드바이스

복강경 담낭절제술의 합병증과 담관 손상의 위험성

복강경 담낭절제술은 담석증, 담낭염 등 담낭 관련 질환을 치료하기 위한 대표적인 수술이다. 피부 절개 없이 복강 내에 가스를 주입한 뒤 소형 카메라와 수술기구를 삽입해 진행되며, 회복이 빠르고 흉터가 적어 현재 대부분의 담낭 수술에 이 방식이 적용된다.

그러나 복강경 수술은 수술 부위가 좁고, 시야 확보가 제한적이며, 해부학적 변이를 가진 환자에게서는 담관 손상, 출혈, 담즙 누출 등 중대한 합병증이 발생할 수 있다. 특히 담낭 주변의 담도 구조는 사람마다 차이가 있어, 수술 중 담낭관과 총담관을 잘못 식별할 경우 치명적인 결과를 초래할 수 있다.

담관 손상은 수술 직후에는 증상이 경미하게 나타날 수 있으나, 시간이 지나면서 황달, 복통, 담즙 누출, 복막염 등으로 발전할 수 있다. 적절한 초기에 재수술이 이뤄지지 않으면 간기능

악화나 패혈증으로 이어질 가능성도 있다.

　복강경 수술은 단순한 기술이 아닌, 고도의 숙련도를 요하는 전문 영역이다. 수술 전 의료진에게 본인의 담석 크기, 위치, 이전 수술 이력 등을 상세히 알리고, 담관 손상 발생 가능성과 대처 방법에 대해 명확한 설명을 요청해야 한다. 수술 직후에는 복부 통증, 발열, 황달, 식욕부진 등의 증상에 주의해야 하며, 이상 반응이 나타날 경우 이를 단순 회복 지연으로 보지 말고 즉시 병원을 찾아야 한다.

　담낭 제거 수술은 흔한 수술이지만, '흔하다고 가벼운 수술은 아니다'라는 점을 반드시 인지해야 한다. 작은 담관 하나의 손상이 전신 상태를 위협할 수 있다는 사실을 기억해야 한다.

질 필러 시술,
말할 수 없었던 비극

그날도 익숙한 전화를 받았다.

"산부인과 시술을 받은 젊은 여성이 병원에서 사망했습니다. 뭔가 이상합니다."

처음엔 흔한 의료사고 의심 사례라고 여겼다. 하지만 접수된 기록과 간단한 보고만 봐도 이 사건은 뭔가 달랐다. 나는 서류를 넘기다 말고 잠시 멈췄다. '시술명: 질 필러 주사.'

질 필러. 생소하지는 않았다. 이미 몇 건의 유사 사망 사례를 경험한 뒤라, 그 위험성을 나는 누구보다 잘 알고 있었다. 질 필러는 성감을 개선하거나 질 수축 효과를 노리고 질벽에 필러 성분을 주입하는 시술이다. 하지만 이 부위에는 광범위한 정맥총이 분포돼 있고, 혈관 구조가 복잡하며, 주사 방식 하나만 잘못돼도 생명을 잃을 수 있다는 사실은 잘 알려져 있지 않다.

　이번 사건의 피해자는 30대 중반의 여성으로, 서울의 한 산부인과를 찾아 시술을 받았다. 병원 측 설명에 따르면, 일반적인 방식으로 필러를 주입하던 도중 갑자기 환자의 혈압이 떨어지고 의식이 흐려지더니 호흡 곤란에 빠졌다고 했다. 응급처치 후 상급병원으로 전원했지만, 이미 회복은 불가능한 상태였다. 병원에 도착한 순간, 환자는 심정지를 보였고, 결국 사망 판정을 받았다.

　곧바로 부검을 의뢰했다. 결과는 예상대로였다. 폐색전증. 폐혈관이 막혀서 혈류가 차단되고, 결국 심장이 멈추는 것이다. 이 환자의 경우, 필러가 혈관 내로 주입되었고, 이 물질이 정맥을 타고 순환하다가 폐 혈관을 막았다는 소견이었다. 다시 말해, 미용을 위한 주사가 사람의 생명을 끊은 것이다.

　문제는 여기서 끝나지 않았다. 병원 측은 처음부터 "우리는 정해진 방식대로 했을 뿐, 예측 불가능한 부작용이었다"는 입장을 고수했다. 일부 의료진은 "필러가 정맥에 들어갈 수 없다"고 주장하기도 했다. 하지만 의학계는 그렇게 말하지 않는다.

　'한국법의학저널'에 게재된 국내 연구에 따르면, 질 필러 시술로 인한 사망 사례는 이미 다수 보고돼 있다. 특히 폐색전증은 질에 주입된 필러가 혈관 내로 침투하거나 높은 압력으로 인해 역류하면서 발생하는데, 필러의 입자 크기 자체가 혈액보다 크기 때문에 원래는 혈관을 통과할 수 없어야 한다. 하지만 주입 과정에서 작은 미세혈관을 손상시키거나, 고압으로 주입하는 경우 이런 참극이 발생할 수 있다는 것이 의학계의 분석이다.

실제 2020년대 초반에도 유사한 사건이 발생했다. 38세 여성 A씨는 질 필러를 맞은 후 호흡 곤란과 실신 증세를 보이며 중환자실에 입원했고, 열흘 만에 사망했다. 또 다른 35세 여성 B씨는 시술 직후 산소포화도가 급격히 떨어졌고, 결국 저산소성 뇌손상으로 사망했다. 모두 부검 결과 혈관 내 필러 색전증이 원인이었다.

이번 사건에서 병원 측은 시술 후 이상 징후를 인지하고도 적절한 조치를 취하지 않았다. 무엇보다도 '필러'라는 단어조차 환자 기록에서 사라져 있었다. 나는 이 점을 가장 중대하게 보았다. 기록은 거짓말을 하지 않는다. 아니, 정확히 말하면 기록을 조작하지 않는 한 거짓말을 하지 않는다. 그런데 이 병원은 필러 주입이라는 결정적인 행위를 의무기록 어디에도 남기지 않았다. 가족에게는 "마취 중 패혈증이 발생했다"고만 설명했다.

나는 산부인과 전문의들의 자문을 받았다. 서울 모 대학병원의 한 교수는 "이런 시술은 고위험 행위이며, 실제 시술이 불가피하다면 반드시 정맥 구조를 피하고 극소량을 주입해야 한다"고 말했다. 또 "이 환자는 시술 직후 성관계 등 외부 압력이 가해진 것도 아닌 상태였기 때문에, 필러가 혈관에 들어갔다면 그것은 주사 처치의 실수"라는 의견도 덧붙였다.

병원 측은 약제회사 탓으로 책임을 돌리기도 했다. "필러 성분이 문제가 아니냐"고. 나는 곧바로 제조사에 자료를 요청했다. 필러 성분 자체는 국내 시판 허가를 받은 일반적인 HA 계열이었다. 다만 해당 부위에 주입하도록 허가된 적은 없었다. 국내 어떤 학회도 이 시술을 공식적으로 인정하지 않았고, 미국, 캐나다, 호주 등은 오히려 여성 생식기에 대한 미용시술 자체를 법으로 금지하고 있는 상황이었다.

내가 가장 분노했던 순간은 병원 측이 이 모든 사실을 알고 있었다는 정황이 드러났을 때였다. 이전에도 유사한 시술을 수차례 해왔고, 몇몇 환자에게 경미한 이상 증상이 나타났지만 이를 전혀 보고하지 않았던 것이다. 나는 이 사건을 단순한 의료과실이 아닌, 명백한 '의료범죄'로 규정하기로 했다.

우리는 이 사건을 통해 질 필러 시술의 위험성을 명확히 입증했다. 필러 자체의 문제, 주사 방식의 문제, 시술 부위의 구조적 위험성까지 모두 정리했고, 이를 토대로 검찰에 송치했다. 그리고 이후 유사 시술을 사전에 방지하기 위한 제도적 정비도 함께 촉구했다.

나에게 이 사건은 단순한 수사기록 이상의 의미였다. 여성의 몸이, 더구나 생식기가, '미용'이라는 이름 아래 아무런 기준 없이 소비되는 현실을 목격했기 때문이다. 그리고 그 끝에, 목숨을 잃은 한 사람이 있었다.

내가 이 사건을 기록으로 남기는 이유는 다시는 같은 일이 반복되지 않도록 하기 위해서다.

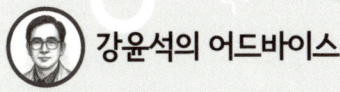

필러 시술의 혈관 침투 위험성과 산부인과 시술의 안전성 문제

'질 필러' 시술은 산후 회복 또는 성감 개선 등을 목적으로 질 점막 하부에 필러를 주입해 탄력을 높이거나 협착을 유도하는 비수술적 시술이다. 피부 필러와 유사하게 히알루론산, 콜라겐, 폴리메틸메타크릴레이트(PMMA) 등의 성분이 사용되며, 미용 목적의 민감 부위 시술이라는 특수성 때문에 의료 정보가 제한적으로 공유되어 왔다.

문제는 필러가 단순히 점막에 머무르지 않고 혈관 내로 유입될 경우, 전신 순환계를 통해 중요한 장기로 이동하여 색전증(혈류 폐쇄)을 유발할 수 있다는 점이다. 특히 주입 부위 주변에 골반 내 미세혈관이 밀집해 있고, 주사 깊이와 방향이 불안정한 경우 폐색전증, 심부전, 급성 호흡곤란 증후군(ARDS) 등의 심각한 합병증이 발생할 수 있다.

필러 자체는 체내에서 분해되거나 고정되도록 설계되어 있지만, 혈류를 따라 이동할 경우 이는 이물질로 간주되어 면역반응, 염증 반응, 급성 쇼크로 이어진다. 이러한 반응은 주입 직후 또는 수시간 이내 발생할 수 있으며, 초기 대응이 늦을 경우 사망에 이를 수 있다.

환자와 보호자는 따라서 시술을 결정하기 전, 시술 부위가 의학적 시술 대상인지 미용 목적 대상인지를 명확히 구분해야 한다. 산부인과 시술이라 하더라도 시술자의 전문과목이 산부인과인지, 해당 시술에 대한 교육 및 자격이 있는지를 반드시 확인해야 한다. 주입 약물의 성분, 제조사, 주입량에 대해 서면 동의서를 받는 절차가 중요하며, 시술 후 호흡곤란, 흉통, 실신 증세가 나타나면 즉시 병원을 찾아야 한다.

질 필러는 단순한 미용시술로 여겨지기 쉽지만, 실제로는 생명과 직결되는 위험 요소를 내포하고 있다. 민감 부위일수록 더 많은 설명과 안전 장치가 필요하다.

또 다시 반복된 '신해철 사건'과
문제의 의사 | 2015년 1월 |

"이번에는 외국인 환자입니다. 호주 사람이고요, 비만 수술을 받다 사망했습니다."

처음 이 말을 들었을 땐 솔직히 흔한 의료사고일지도 모른다고 생각했다. 의료사고 수사는 언제나 어렵고, 복잡하고, 입증은 더더욱 까다롭다. 하지만 이 사건은 달랐다. 단순한 수술 부작용이라 보기엔, 도무지 이해되지 않는 흐름이 하나둘씩 모습을 드러냈다.

사건의 발단은 의료관광 광고에서 시작된다. 한 의료관광 플랫폼에는 '고도비만 치료의 최고 권위자'라는 소개글과 함께, 한국의 한 외과 의원이 비만대사 수술을 진행한다고 광고를 내걸고 있었다. 피해자인 호주 국적의 N씨는 그 광고를 믿고 한국행을 결심했다. 그는 치료를 위해 비행기에 올랐고, 낯선 나라에서 낯선 의사를 만났다. 그리고… 돌아가지 못했다.

2015년 11월 19일, 그는 서울의 외과의원에서 위소매절제술을 받았다. 위의 약 80%를 절제하는 복강경 수술이었다. 수술은 겉보기엔 무사히 끝난 듯했다. 그러나 곧 담즙이 배액관을 타고 흘러나오기 시작했고, 몸은 비명을 지르기 시작했다. 복막염, 패혈증 그리고 심정지. 나중엔 심장이 두 번이나 멈췄다.

의심스러웠던 건 그다음부터였다. 의사는 환자가 위험한 상태임을 알면서도 전원을 하지 않았다. 대신 다섯 차례에 걸쳐 봉합수술과 시술을 반복했다. 담즙을 빼는 시술까지 이어졌지만, 환자는 점점 망가져 갔다. 결국 수술 한 달 뒤, 의사는 환자의 장기 기능이 완전히 저하됐다는 사실을 뒤늦게 인지했다. 이제라도 전원을 해야 한다고 판단했지만, 이미 너무 늦은 시점이었다.

서울의 여러 상급병원들은 중환자실이 없어 환자를 받지 못했다. 결국 그는 90킬로미터 떨어진 충남 천안의 병원으로 이송됐고, 이틀 뒤 사망했다. 사인은 범발성 복막염과 다장기부전. 우리 수사팀이 사건을 접수한 시점은 그로부터 얼마 후였다.

의료사고 수사에서 가장 중요한 건 '과실'의 존재 여부다. 그 과실이

'업무상 과실'로 인정받기 위해서는 명확한 기준과 전문가 감정이 필요하다. 나는 대한의사협회, 한국의료분쟁조정중재원 그리고 해외 기관에 감정을 의뢰했다. 특히 호주 모나쉬 대학의 세계적 비만수술 권위자 폴 오브라이언 교수는 "합병증 발생 후 중환자실로의 전원이 이루어지지 않아 생명을 잃은 사례"라고 단언했다. 이 감정은 결정적인 전환점이 되었다.

당시 집도의 A씨는 유명한 외과의사였다. 가수 고 신해철 씨의 수술을 집도했던 그 인물이었다. 신해철 사건 이후 자신이 운영하던 병원을 접고, 다시 개인의원 간판을 걸고 환자들을 받고 있었다. 그는 여전히 자신이 비만대사수술 분야의 최고라고 주장했고, 피해자 사망에 대한 책임을 부정했다. 하지만 우리가 확보한 기록과 진술, 감정 결과는 그의 말과는 전혀 달랐다.

수사 과정에서 가장 어려웠던 건, '전원 시기'에 대한 법적 판단이었다. 환자의 상태가 전원을 필요로 했는가? 그 시점은 언제였는가? 단순한 사후확증편향(hindsight bias), 즉 결과론적 해석을 넘어서서 그 당시에 반드시 전원했어야 한다는 의학적 필요성을 입증해야 했다. 결국 우리는 감정 결과를 토대로, 적어도 2차 심정지가 있었던 시점, 그 이전에 상급병원으로 전원했더라면 생명을 구할 수 있었다는 점을 부각했다.

이 사건의 의미는 단순한 의사의 '판단 착오'를 넘어, 한 사람의 생명이 어떻게 무책임한 시스템 속에서 허무하게 소모될 수 있는지를 드러낸 데 있었다. 수술을 상품처럼 포장해 판매하는 의료광고, 24시간 대응 체계 없이 반복된 시술, 뒤늦은 전원 결정. 무엇보다도, 환자의 목숨을 지키기 위한 기본 원칙이 무시되었다는 사실이 핵심이었다.

이 사건은 외국인 피해자, 의료관광이라는 복잡한 배경 그리고 유명 의사의 이름이 얽혀 있었다. 환자의 국적이 어디든, 배경이 어떻든 우리에게 중요한 건 그 생명이 의료라는 이름 아래 제대로 존중받았는가 하는 것이다. 이 사건은 그 답을 냉정하게 보여주었다.

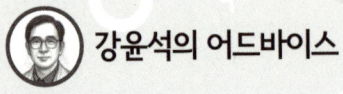 강윤석의 어드바이스

위소매절제술, 선택보다 중요한 건 준비와 책임이다

위소매절제술은 위의 약 70~80%를 절제해서 음식 섭취량을 줄이고, 식욕을 유발하는 호르몬 분비를 줄이는 수술이다. 체중 감량 효과가 분명하고 복강경으로 진행되기 때문에 회복도 빠른 편에 속한다. 그러나 수술의 간편함만 보고 결정한다면 그 대가는 클 수 있다.

이 수술은 단순히 위를 잘라내는 행위가 아니다. 수술 전후로 정밀한 관리와 예측 가능한 위험에 대한 대응 체계가 필요하다. 수술 후 가장 문제가 되는 것은 '누출'이다. 위를 절제하고 남은 부위가 제대로 아물지 않으면 담즙과 위액이 복강 안으로 새어 나오고, 이것이 복막염이나 패혈증으로 이어질 수 있기 때문이다. 누출은 수술 직후 며칠 안에 나타나는 경우도 있고, 늦게 발견되면 치명적일 수 있다.

문제는 이런 증상이 발생했을 때, 그것을 감지하고 곧바로 상급병원 중환자실로 전원하는 체계가 있느냐는 점이다. 일부 의료기관에서는 수술을 광고처럼 활용하고, 환자를 병상에 붙잡아두는 경우가 있다. 자신들이 해결할 수 없는 합병증을 감추기 위해 무리한 시술을 반복하기도 한다.

이런 일을 막기 위해 환자나 보호자가 반드시 확인해야 할 것들이 있다. 수술을 집도하는 의사의 경력, 해당 병원의 중환자 대응 시스템, 응급 시 전원 협약 병원이 있는지 여부 등을 묻고 기록해야 한다. 설명이 부족하거나 불분명한 곳이라면 과감히 수술을 미뤄도 된다.

위소매절제술은 간단한 미용 목적의 시술이 아니라 고위험 수술이다. 선택은 환자의 몫이지만, 그 결과는 함께 나눠야 한다.

Part2

누구의 잘못도 아닌 죽음
해명을 위한 수사

우리는 진실을
수사한다

우리가 마주하는 대부분의 사건은 죽음에서 시작된다.

누군가 병원을 찾았고, 살아서 나올 줄 알았던 사람이 되돌아오지 못했다. 가족은 울고, 병원은 침묵한다.

그리고 그 둘 사이에, 우리가 선다.

"병원에 잘못이 있었던 것 아닐까요?"

"도대체 왜 죽었는지, 누구도 설명해주지 않더군요."

"수술은 잘 됐다면서요. 그런데 왜 죽었죠?"

그 물음은 때로 분노로, 때로는 절망으로 우리 앞에 던져진다. 우리는 그 질문을 피해갈 수 없다. 우리는 경찰이다. 의료사고 전문 수사팀이다.

수사라는 말은 흔히 '단죄'를 떠올리게 한다. 무언가를 밝혀내고, 누군가를 지목하고, 책임을 묻는 일. 하지만 우리의 수사는 조금 다르다. 우리는 오히려 수사의 끝에 '과실 없음'이라는 단어를 쓰는 경우가 많다. 왜냐고 묻는다면, 그건 생명이라는 것이 그만큼 예측하기 어렵고, 의학이라는 것이 언제나 완전하지 않기 때문이다.

나는 지금까지 수많은 의료사고 사건을 수사해왔다. 의료진의 명백한 실수로 환자가 목숨을 잃은 경우도 있었고, 무책임하게 진실을 은폐하려던 병원도 있었다. 그런 경우, 우리는 단호했다. 하지만 어떤 사건은 달랐다. 누구의 실수도 아닌 죽음, 과실로 단정할 수 없는 결과, 설명되지 않는 비극. 그럴 때 우리는 알게 된다. 의료사고 수사의 본질은 '책임을 따지는 일'이 아니라 '설명되지 않은 죽음을 해명하는 일'이라는 것을.

어느 날, 한 유족이 찾아와 말했다.
"그냥 이유라도 알고 싶어요. 이게 도대체 무슨 일이었는지만 알면…."

그래서 우리는 설명한다. 부검 소견, 마취 기록, 수술 전후의 활력징후, 응급 대응 시간, 사용된 약물, 기저질환, 환자의 체력 상태, 병원의 프로토콜. 모든 것을 차곡차곡 정리해서 보여준다. 마치 퍼즐을 맞추듯. 그 안에 감정은 없다. 하지만 사람을 향한 책임은 있다.

수사란 그런 것이다. 어떤 날은 유족의 억울함을 풀기 위한 수사이고, 또 어떤 날은 병원의 누명을 벗기기 위한 수사이다. 어느 쪽이든 우리가 지키는 건 '진실' 그 하나다.

나는 이 일을 하면서 억울하게 고발당한 의료진도 많이 봤다. 환자의 죽음을 책임져야 한다는 심리적 압박 속에서, 의료진들은 때때로 스스로를 탓한다. 그들이 내뱉는 첫마디는 대체로 비슷하다.

"제 실수인 것 같아서요…."

"제가 뭔가 놓친 게 있는 건 아닐지…."

하지만 수사를 통해 하나하나 사실을 확인해가면, 그들 눈에도 다시 빛이 돌아온다.

수사는 진실을 추적하는 일이다. 때로는 진실이 병원 쪽에 있고, 때로는 보호자 쪽에 있다. 그리고 가끔은 그 누구에게도 없고, 다만 삶의 끝자락에만 존재하기도 한다. 우리가 이끌어내야 하는 건 '책임'이 아니라 '설명'이다. 살아남은 이들이 이해하고, 떠난 이들의 죽음이 납득되도록 만드는 것. 그 과정이야말로 경찰이 할 수 있는 최고의 위로 아닐까.

이 장에서는 병원의 과실을 찾는 이야기가 아니라, 과실이 아님에도 누군가는 의심을 받았던 이야기들을 읽게 될 것이다. 그리고 그 모든 이야기 끝에는 단 하나의 문장이 남을 것이다.

"우리가 찾은 건 범인이 아니라, 진실이었다."

수술 후 발생한 '0.1%의 비극' -
무릎 수술과 폐색전증 사망 사건

그날도 다른 날과 다르지 않았다. 병실은 조용했고, 환자는 무릎 수술을 받고 회복 중이었다. 44세의 회사원인 피해자는 관악구의 한 정형외과 전문 병원에서 오른쪽 슬개골(무릎뼈) 골절로 인해 수술을 받은 지 2주가 지난 상태였다. 그러나 뼈가 제대로 붙지 않자 다시 한 번 재수술을 받았고, 2차 수술 후에도 입원 치료가 이어지고 있었다. 의료진도, 가족도 곧 퇴원할 수 있을 거라 기대하고 있었다.

하지만 갑작스럽게 상황이 변했다. 입원 중이던 환자가 병실에서 경련을 일으켰고, 곧바로 의식불명 상태에 빠졌다. 병원은 환자를 곧장 인근 대학병원 응급실로 후송했고, 의료진은 사력을 다해 응급처치를 시도했다. 하지만 환자는 끝내 의식을 회복하지 못한 채 세상을 떠났다.

이 사건은 피해자의 가족들이 납득할 수 없는 죽음 앞에서 경찰에 직접 신고하고 고소장을 제출하면서 의료사고 전문수사팀에 접수되었다. 내가 이 사건을 처음 접했을 때, 직감적으로 느껴졌다.
　'이건 단순한 수술 합병증이 아닐 수 있다.'
　환자는 비교적 젊고, 특별한 기저질환이 없었다. 무릎 골절은 보행에 불편함을 줄 순 있어도 생명을 앗아갈 이유는 없었다. 수술 직후가 아닌, 회복기 중 갑자기 발작을 일으켜 사망했다는 점은 무언가 숨겨진 원인이 있을 가능성을 제기했다.

　첫 단계는 국립과학수사연구원에 부검을 의뢰하는 일이었다. 부검 결과는 우리 수사팀에도 낯설지 않은 단어를 포함하고 있었다. '폐혈전색전증(Pulmonary Thromboembolism)' - 혈전(피떡)이 정맥을 타고 이동하다가 폐동맥을 막아버리는 질환이다. 보통은 하지 골절, 골반 수술 또는 장기간 침상 안정을 요하는 환자에게서 드물게 발생한다. 하지만 이 사건은 피해자의 연령대나 건강 상태로 보아 극히 이례적인 경우였다.
　우리는 의무기록을 압수하고, 수술에 참여한 의료진 11명을 전원 소환 조사했다. 수술 과정의 모든 전자기록, 수액과 약물 투여 기록, 간호일지까지 빠짐없이 확보했고, 이후 무려 다섯 차례에 걸쳐 전문기관에 감정을 의뢰했다. 감정 주체는 한국의료분쟁조정중재원을 비롯해 응급의학회, 정형외과학회, 민간 감정기관까지 총동원되었다. 객관성과 공정성을 확보하기 위한 조치였다.

그 결과는 우리도 다소 의외였다. 감정기관 모두가 한목소리로 말한 것은 다음과 같았다.

첫째, 수술 과정은 정형외과학 교과서 기준에 부합했고, 뼈 고정 방식이나 마취 유지 시간도 적절했다.

둘째, 환자가 응급상황에 빠졌을 때 병원 측의 심폐소생술 조치, 응급실 전원 결정 모두 적시에 이루어졌다.

셋째, 무엇보다도 폐색전증은 예방 자체가 어렵고, 발생 확률은 일반적으로 0.1~0.7% 미만이며, 40대 중반 남성의 경우엔 더욱 희귀하다는 점이었다.

쉽게 말하면, 의료진에게 명확한 과실을 묻기 어려운 상황이라는 것이었다. 폐색전증은 그 자체가 갑작스럽고 예측 불가능한 사건이었다. 환자의 상태나 수술 과정, 병원 측의 조치에 명백한 과실은 없었고, 응급 대응도 매뉴얼대로 이루어졌다는 점에서 형사처벌은 무리라는 결론이었다.

사건의 결론은 '불송치'. 의료진은 형사 책임에서 벗어났고, 유족 또한 경찰 수사의 경과와 결과를 받아들였다. 유족은 수사 과정에서 반복된 소환과 자료 요청에 진심으로 응했고, 의료진 역시 일관된 진술과 함께 책임 있는 자세로 조사에 임했다. 어느 쪽도 감정을 드러내지 않았지만, 그 눈빛 속엔 여전히 '왜 이런 일이 벌어졌을까'라는 깊은 의문이 깃들어 있었다.

이 사건을 담당하며 나는 다시 한 번 깨달았다. 의료사고 수사란 '단죄'를 목적으로 하기보다, '설명'과 '이해'를 위한 일이라는 점이다. 유족에게는 명확한 설명이 필요하고, 의료진에게는 억울함을 해소할 기회가 필요하다. 경찰은 그 사이에서 공정하고 집요하게, 하지만 인간적으로 접근해야 한다.

무릎 골절 수술을 받고 회복 중이던 한 사람의 생이 0.1%의 가능성 앞에 멈췄다. 의학은 때로 그 확률 앞에 무력하고, 수사는 그 무력함을 이해시키는 과정이기도 하다. 이 사건은 '사건'이라기보다 '설명된 비극'이었다.

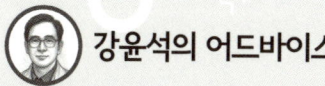 강윤석의 어드바이스

폐색전증의 위험성과 '예측 불가 사고'에 대한 이해

폐색전증(pulmonary embolism)은 정맥을 통해 혈관을 따라 올라온 혈전(피딱지)이 폐동맥을 막아 급성 호흡곤란이나 심정지를 유발하는 질환이다. 대부분의 경우 혈전은 다리 정맥에서 시작되며, 정형외과 수술(특히 하체 수술) 이후 장시간 움직이지 못하는 환자에게서 상대적으로 흔히 발생한다.

이 질환은 통계적으로 1,000명 중 1명 이하의 비율로 발생하며, 증상이 갑작스럽고 진행이 빠르기 때문에 조기 예측이나 예방이 어렵다. 수술이 완벽했고, 회복 과정도 문제없었다 하더라도, 폐색전증은 갑작스러운 생리 반응 또는 기저 질환과 결합되어 돌발적으로 발생할 수 있다.

폐색전증의 예방을 위해 의료기관에서는 일정 시간 이상 움직이지 못하는 환자에게 혈전 예방 주사(예: 항응고제) 투여, 압박 스타킹 착용, 조기 보행 유도 등을 실시한다. 그러나 이 같은 조치에도 불구하고 모든 폐색전증을 100% 차단할 수는 없다.

환자와 보호자는 정형외과 수술, 특히 무릎·고관절 부위 수술 후에는 수술 부위 외에도 전신 순환계 합병증이 발생할 수 있음을 사전에 인지해야 한다. 보호자는 환자의 호흡 이상, 가슴 통증, 안색 변화, 심한 불안감 등 이상 징후를 놓치지 말고, 의료진에게 바로 알리는 것이 중요하다.

또한 이러한 사고가 발생했을 경우, 반드시 의무기록, 투약내역, 응급 대응 과정을 통해 사실관계를 차분히 파악하는 노력이 필요하다. 모든 사고가 과실은 아니며, '예측 불가한 사고'는 때때로 누구의 잘못도 아닐 수 있다. 의료는 확률을 다루는 영역이며, 일부 불행한 결과는 그 안에서 발생한다는 점을 환자와 보호자 모두 이해할 필요가 있다.

도수치료 중 인대 파열 –
'상식'과 '불가항력' 사이

2019년 여름, 서울 성북구에 위치한 한 재활의학과 의원에서 한 통의 민원이 접수되었다. 75세의 고령 환자가 도수치료 중 팔을 다쳤다는 내용이었다. 첫 소견은 단순 염좌로 보였지만, 이후 정밀검사 결과 이두박근 힘줄이 파열됐다는 진단이 내려지면서 사건은 의료사고 전문수사팀으로 이첩되었다.

처음에는 나도 고개를 갸우뚱했다. 도수치료란 손을 이용한 비수술적 물리치료인데, 이두박근 파열이라니. 게다가 치료 전 환자는 허리와 어깨 통증을 호소하고 있었을 뿐, 팔에는 아무 이상도 없었다. 수사팀은 곧장 환자 진술, 물리치료사 조사, 병원 의사 면담에 착수했다.

피해자 측은 분명하게 말했다. "치료 도중 팔에 심한 통증을 호소했지만 치료사는 '괜찮다'며 치료를 계속했다." 결과적으로 팔에 힘이 빠지고 부어올랐으며, 결국 병원에서 '이두박근 장건(긴힘줄) 파열'이라는 진단을 받았다는 것이다.

이두박근 장건은 팔꿈치와 어깨를 연결하는 중요한 인대 중 하나다. 주로 노화로 약해지거나 반복적 스트레스로 인해 손상되며, 갑작스러운 외부 압력에 의해 파열되기도 한다. 다만, 도수치료의 강도나 방법이 일정하고, 특별한 외상이 없었다면 인대 파열로 이어지는 경우는 극히 드물다. 정형외과 교과서에 따르면, 이두박근 파열의 주요 원인은 대부분 60세 이상 고령자에서의 퇴행성 변화이며, 비수술적 치료만으로도 일상생활에는 큰 지장이 없다고 되어 있다.

우리는 물리치료사의 진술을 청취했다. 그는 "환자가 팔을 불편해했으나, 파열 수준의 이상은 전혀 느껴지지 않았다"고 주장했다. 치료 강도도 일반적인 수준이었으며, 본인이 직접 힘을 줘서 당기거나 비틀지는 않았다고 말했다. 당시 진료기록과 간호일지를 대조한 결과, 환자의 통증 호소는 기록되어 있었으나, 특별한 응급 대응이 이루어진 흔적은 없었다.

중요한 것은 물리치료사가 단독으로 판단해서 이 치료를 진행한 것이 아니라, 해당 병원의 정형외과 전문의가 허리와 어깨 통증에 대한 처방의 일환으로 '도수치료'를 지시한 것이었다. 즉, 환자 진단과 처방은 의사가 했고, 치료는 물리치료사가 수행한 구조였다.

우리는 한국물리치료사협회, 대한정형외과학회 등 전문가 집단에 질의했다. "도수치료 과정에서 이두박근 파열과 같은 손상이 발생할 수 있는가?"라는 질문에 대한 답은 거의 일치했다. "이론적으로는 가능하지만, 매우 희박하다. 특히 고령자에게는 작은 움직임에도 파열이 발생할 수 있으므로, 치료 행위와 직접 인과관계를 단정하긴 어렵다."

우리는 유사한 사례들을 찾아 국내외 학술지와 논문을 검토했다. 실제로 도수치료 중 인대 파열이 발생해 의료과실로 인정된 판례는 거의 없었다. 대부분은 환자의 기저 질환이나 연령, 퇴행성 변화가 주된 원인으로 작용했으며, 치료 행위와의 직접적인 인과관계를 입증하기 어려워 의료진에 책임을 묻지 않는 사례가 많았다.

수사팀은 충분한 감정 자료와 진술, 의료 기록을 토대로 사건을 정리했다. 최종 결론은 다음과 같았다.

첫째, 의료진은 적절한 진단과 처방을 수행했으며, 물리치료사도 매뉴얼에 따른 치료를 시행하였다.

둘째, 환자의 나이와 관절 상태를 고려할 때, 치료 중 인대 파열이 발생할 가능성이 있었으며, 이는 불가항력적일 수 있다.

셋째, 통증 호소 후 즉각적인 치료 중단 조치가 이루어지지 않은 것은 아쉬우나, 그것이 형사처벌로 이어질 정도의 중대한 과실은 아니라는 것이 전문가의 다수 의견이었다.

결국 이 사건은 불기소 의견으로 송치되었고, 의료진 모두 처벌받지 않았다. 우리는 유족에게 그 사유를 상세히 설명했고, 피해자 또한 오랜 수사 과정을 지켜보며 어느 정도 납득하는 태도를 보였다. 불쾌한 경험이었을지는 몰라도, 명확한 설명과 과정의 투명함은 분노보다 이해로 이어지는 단초가 되었다.

이 사건은 비록 법적 책임으로 귀결되진 않았지만, 의료사고 수사가 '과실 여부를 가리는 일' 그 이상이라는 걸 다시 한 번 확인하게 해준 사례였다.

도수치료는 많은 사람들이 받는 익숙한 치료지만, 간혹 몸속에 있던 '시간의 균열'을 예기치 않게 드러내기도 한다. 이두박근 파열처럼 말이다. 하지만 수사란 그런 예외의 순간조차 담담히 해석하고, 모든 가능성을 열어놓고 바라보는 일이다. 그 결과가 '과실 없음'이라면, 그 또한 해명되어야 할 진실이다.

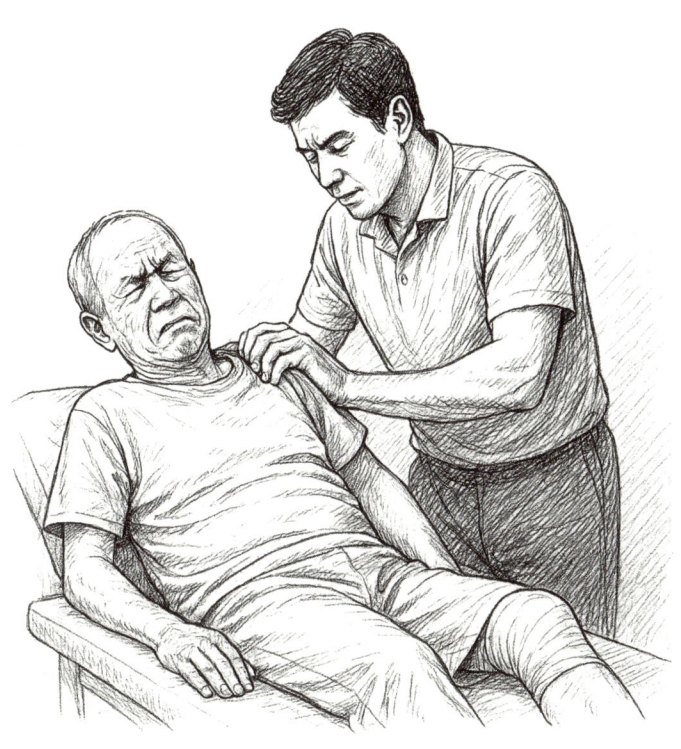

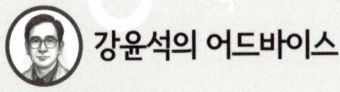 강윤석의 어드바이스

도수치료의 정의, 위험성, 그리고 환자의 주의사항

도수치료(manual therapy)는 물리치료사의 손을 이용하여 근골격계의 통증을 완화하고, 관절 가동성 회복이나 자세 교정 등을 유도하는 치료 기법이다. 의료기기나 약물 없이 직접 손으로 근육과 관절을 조작하는 방식으로 이뤄지며, 정형외과, 재활의학과, 신경외과 등에서 보조 치료로 흔히 사용된다.

일반적으로 도수치료는 안전하다고 알려져 있으나, 관절이나 인대를 직접 움직이는 과정에서 환자의 상태, 연령, 기저 질환, 조직 탄력성 등에 따라 예기치 않은 손상이 발생할 수 있다. 대표적인 합병증으로는 인대 손상, 관절 탈구, 척추 신경 압박, 근육 파열 등이 있다.

특히 인대는 힘을 가하면 무조건 늘어나는 조직이 아니며, 일정한 탄성 범위를 넘으면 갑작스레 파열될 수 있다. 치료사의 의도가 없었다 하더라도, 환자 개개인의 신체 반응이 다르기 때문에 완전히 통제할 수 없는 변수도 존재한다.

　환자와 보호자는 도수치료 전에 반드시 의료진에게 기저질환, 과거 수술력, 관절 통증 유무 등을 상세히 알리고, 치료사의 자격과 경험을 확인하는 것이 바람직하다. 치료 도중 강한 통증, 이질적인 관절 움직임, 저림이나 감각 이상이 발생할 경우 즉시 중단을 요청해야 하며, 치료가 끝난 후에도 통증이 지속되면 영상검사 등을 통해 상태를 점검받아야 한다.
　또한 병원 측에서 제공하는 설명이나 동의서에 도수치료로 발생 가능한 부작용과 책임 범위가 명시되어 있는지 꼼꼼히 살펴보는 것이 필요하다.
　도수치료는 비수술이지만, 비위험은 아니다. 몸을 다루는 모든 행위에는 일정 수준의 부담이 따르며, 그에 대한 사전 정보와 신중한 선택이 요구된다.

치과 보철 치료 중 돌연사 –
누구의 잘못도 아닌 죽음 앞에서

2021년 3월 21일, 은평구의 한 치과의원에서 긴급한 신고가 접수되었다. 40세의 남성 환자가 보철 치료 중 갑자기 호흡곤란을 호소한 뒤 의식을 잃었다는 것이다. 치과 측은 즉시 구급차를 불렀고, 환자는 인근 병원으로 이송되었지만 끝내 사망에 이르렀다. 신고를 받고 출동한 경찰은 사망 사건이라는 중대성을 고려하여 사건을 의료사고 전문수사팀에 이첩했다.

사건의 발단은 어금니 보철 치료였다. 환자는 좌측 하악 어금니에 장착된 크라운이 골절되어 재보철 시술을 받으러 내원했다. 치과 측은 통상적인 방식에 따라 국소마취제인 '아티카인'을 투여했고, 이후 본격적인 치료에 들어가려던 순간, 환자는 어지러움을 호소하며 몸을 떨기 시작했다. 그로부터 1분도 되지 않아 의식을 잃었고, 곧 호흡과 심박이 정지했다.

유족의 첫 반응은 분노였다. "환자가 마취 직후 어지럽다고 했는데도 의사가 무시하고 계속 마취제를 주사했다"며 "병원 측의 과실이 명백하다"고 주장했다. 경찰은 우선 당시 진료가 이루어진 치과 의원의 CCTV 영상을 확보하고, 의료기록과 마취제 투여량, 응급 대처 기록 등을 분석했다.

마취제인 아티카인은 국소마취제 중에서도 비교적 빠른 작용과 높은 안정성을 가진 약물로 알려져 있다. 하지만 드물게 혈관 내 직접 투여되거나 체내 흡수량이 과도할 경우, 심혈관계 부작용이나 중추신경계 반응이 발생할 수 있다. 특히, 기존에 심혈관계 질환을 가진 환자에게는 그 위험이 더 커질 수 있다. 당시 투여된 아티카인의 용량은 치과학회 기준으로 적정 범위였고, 주입 방식에도 문제가 없었다는 것이 확인되었다.

우리는 마취학회에 감정을 의뢰했고, 동시에 국립과학수사연구원에 부검을 요청했다. 그 결과는 놀라웠다. 사망 원인은 '급성 심정지', 직접적인 사인은 '관상동맥 협착'이었다. 피해자는 평소 자각 증상 없이 생활했지만, 실제로는 관상동맥이 70% 이상 좁아진 상태였으며, 마취로 인한 심박 변화가 결국 심정지를 유발한 것으로 추정되었다.

　의료진 역시 사건 이후 충격에 빠졌고, 조사에 성실히 임했다. 담당 치과의사는 "환자가 처음 어지러움을 호소했을 때 바로 치료를 중단하고 상태를 지켜봤으며, 이상 반응이 감지되자 즉시 응급처치 후 119에 연락했다"고 진술했다. 실제로 CCTV 영상에서도 환자의 호소 이후 의료진의 응급 조치와 병원 이송은 매우 신속하게 이루어졌다.

　이 사건은 매우 드문, 그러나 현실에서 언제든 발생할 수 있는 유형의 의료사고였다. 국소마취제에 대한 부작용은 매우 낮은 확률로 발생하지만, 환자의 기존 건강 상태, 특히 심혈관 질환 유무에 따라 치명적인 결과를 초래할 수 있다. 경찰은 치의학적 배경, 감정 결과, 환자 상태 등을 종합적으로 분석했고, 과실로 단정할 수 있는 요소는 발견되지 않았다.

　우리는 이 결과를 유족에게 설명하는 자리를 마련했다. 처음에는 눈물을 삼키며 말을 잇지 못하던 유족도, 전문 감정 결과와 병원 측의 조치 과정을 상세히 들은 후 고개를 끄덕였다. "누구의 잘못도 아니라면... 저희도 받아들이겠습니다." 그 한마디에, 우리 수사팀도 마음이 놓였다.

　의료진 또한 "경찰 조사 덕분에 유족이 오해를 풀 수 있었다"며 진심으로 감사를 표했다. 이번 사건은 의료과실이 없는 사례였지만, 수사의 의미는 분명했다. 의료진에게는 억울함을 해소할 기회가 되었고, 유족에게는 소중한 사람을 잃은 이유를 명확히 알 수 있었던 시간이었기 때문이다.

치과 진료 중 사망. 그 무게는 결코 가볍지 않다. 하지만, 그 죽음이 '누군가의 과실'이라는 이름 아래 잘못 비난받아서는 안 된다. 진실은 단죄가 아니라 설명의 도구가 되어야 하며, 수사는 그 설명을 책임지고 완성하는 과정이다.

우리가 지키는 것은 단지 생명이 아니다. 때로는 남겨진 사람의 마음이며, 더 깊게는 억울함 없이 살아가는 사회의 신뢰다. 이 사건은 수사관으로서의 나에게도 큰 배움이 되었다.

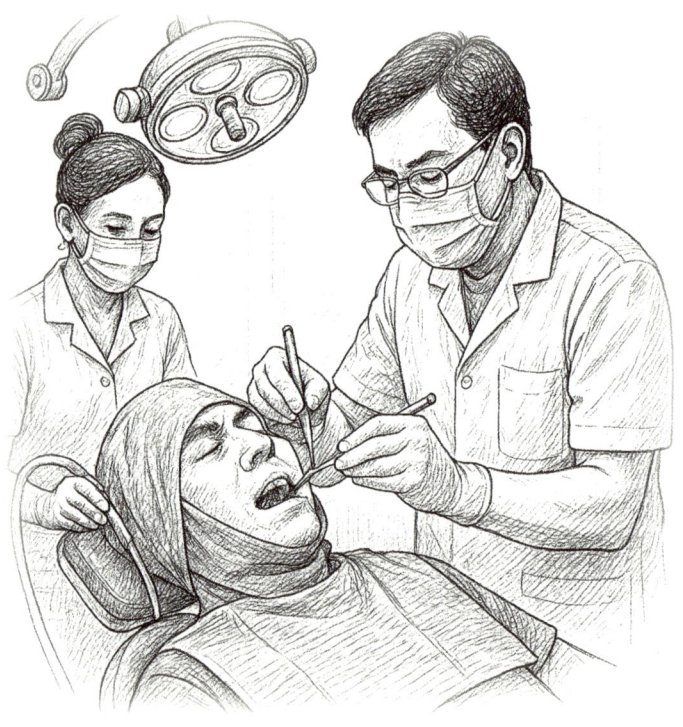

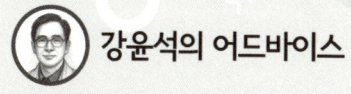 강윤석의 어드바이스

국소마취와 돌연사, 그 예측 불가능성

　치과 보철 치료는 일반적으로 국소마취 하에서 진행되며, 통상적으로 리도카인, 아티카인 등의 국소마취제를 사용한다. 이들 약물은 효과가 빠르고 안전성이 높아 널리 사용되지만, 드물게 심장 박동 이상, 저혈압, 호흡 억제, 심한 경우 심정지와 같은 예외적 부작용이 발생할 수 있다.

　특히 기저 심혈관 질환이나 관상동맥 협착증이 있는 환자의 경우, 평소 증상이 없더라도 마취제 투여로 인해 혈관이 갑작스럽게 수축하거나 혈류역학이 불안정해져 급성 심장사로 이어질 수 있다. 이 같은 사고는 마취 직후 수십 초~수분 내에 발생하며, 외형상 예고 신호 없이 일어난다.

　마취 반응에 대한 개별 차이는 매우 크며, 일부 환자에게는 소량의 약물에도 과민 반응이나 부정맥이 유발될 수 있다. 이 경우 의료진이 아무리 신속하게 대응하더라도 생명을 지키기 어려운 상황이 발생할 수 있다.

치과 치료 전 심장 질환, 고혈압, 당뇨, 과거 마취 경험 등을 의료진에게 반드시 정확히 알리는 것이 가장 중요하다. 특히 고령자나 돌연사 위험 인자를 가진 환자는 국소마취 시 응급 대처 가능한 환경에서 치료를 받는 것이 바람직하다. 치료 중 극심한 어지럼증, 구토, 가슴 답답함, 식은땀 등이 나타날 경우, 반드시 즉시 알리고 치료를 멈춰야 한다.

또한 환자 본인이나 가족이 돌연사 또는 심장질환 이력이 있다면, 평소 건강검진 결과를 지참하고, 필요 시 사전 심전도 검사를 요청하는 것도 하나의 방법이다.

가장 익숙한 치료가 가장 안전한 치료는 아니다. 생명을 위협하는 예외적 사고는 늘 준비되지 않은 순간에 찾아온다.

대장암 수술 중 마취 사고 –
예측할 수 없는 죽음

2021년 7월 7일. 서울의 한 병원에서 대장암 수술을 앞두고 마취 중이던 68세 남성이 갑자기 의식을 잃고 심정지 상태에 빠졌다. 의료진은 즉시 심폐소생술을 실시했지만 환자는 끝내 깨어나지 못했다. 수술은 시작되지도 않았다. 환자는 '마취 유도' 과정에서 세상을 떠난 것이다.

이 사건은 일반적인 의료사고 수사와는 조금 다른 결로 시작되었다. 고발인은 환자의 가족이 아닌, 그가 머물던 지역 교회의 관계자들이었다. 피해자가 평소 교회 활동에 열심이었고, 가족 대신 돌봐주던 이들이 환자의 죽음에 깊은 의문을 품고 경찰에 고발장을 제출한 것이다. "수술이 시작도 되기 전에 죽었다는 게 말이 되느냐", "마취 준비가 미흡했던 건 아니냐", "비위관을 삽입하지 않아 위 팽만이 왔고, 그것 때문에 기도가 막힌 것 아니냐" 등 다양한 의혹이 제기되었다.

수사팀은 즉각 병원의 마취기록지와 진료기록, CCTV 자료 등을 확보했다. 사건 당시의 마취 유도 과정, 투여 약물, 환자의 반응 시간, 응급조치 내용 등을 정밀하게 분석했다. 동시에, 부검을 국립과학수사연구원에 의뢰하고, 마취통증의학회 및 한국의료분쟁조정중재원의 감정도 병행 요청했다. 사건의 실체는 의학적으로 해석되어야 할 부분이 많았다.

부검 결과는 다소 뜻밖이었다. 사인은 '아나필락시스 쇼크'로 추정되었다. 아나필락시스란 특정 약물이나 알레르기 항원에 대한 급성 전신 반응으로, 심한 경우 호흡곤란이나 심정지를 유발할 수 있는 치명적인 알레르기 반응이다. 문제는, 이 반응이 누구에게서 언제 어떻게 나타날지 예측할 수 없다는 데 있다. 마취에 사용된 약물은 의료계에서 흔히 사용되는 표준 약물이었고, 기존에 해당 환자가 어떤 약물에 알레르기 반응을 보였다는 기록도 없었다.

우리는 중재원 감정 결과를 통해 다음과 같은 사실을 확인했다.

첫째, 집도의의 처치 및 마취과정은 통상적인 의료 기준에 부합했으며,

둘째, 문제로 지적된 '비위관'의 삽입은 하트만 수술 전 단계에서 필

수사항이 아니었다는 점,

셋째, 사망에 이른 직접적 원인은 예측 불가능한 아나필락시스 반응이라는 점이었다.

하트만 수술은 직장암이 광범위하게 퍼졌을 경우 시행되는 방식으로, 직장을 절제하지 않고 대변 배출을 위해 복벽에 장루를 형성하는 고난도 수술이다. 이 과정에서 마취는 핵심 단계이며, 특히 고령 환자일수록 마취 중 발생할 수 있는 돌발 상황에 민감하다. 하지만 이번 사례는 마취 도중 사용된 약물 자체가 문제가 되지 않았고, 환자의 체질적 요인으로 인한 불가항력적 반응이라는 판단이 내려졌다.

이 사건에서 주목할 점은, 환자가 자신의 건강 정보를 정확히 알지 못했고, 의료진 또한 예측할 수 없는 위험에 직면했다는 점이다. 아나필락시스는 통상적인 사전 검사나 면담으로도 발견되기 어려운 경우가 많으며, 평생에 단 한 번의 노출로도 치명적인 결과를 초래할 수 있다. 의료진은 사건 이후 자신들의 대응이 과연 최선이었는지를 수차례 자문하며 심리적으로도 큰 충격을 받은 상태였다.

수사 결과를 설명하는 자리에서 고발인인 교회 관계자들은 울먹이며 말했다.

"우리가 오해했던 것 같아요."

그들의 마음은 이해할 수 있었다. 갑작스럽고 설명되지 않는 죽음은 그 자체만으로도 견디기 어렵기 때문이다.

우리는 부검, 감정 결과, 의무기록 분석 내용 등을 하나하나 설명했고, 의료진이 얼마나 신속하게 대처했는지도 함께 보여주었다. 의료진 역시 경찰의 수사를 통해 억울함이 풀렸고, 고발인 역시 결과를 받아들이며 감사의 뜻을 전해왔다. 병원과 환자 측 모두가 납득한 보기 드문 사례였다.

이 사건은 단순한 과실 여부를 따지는 수사가 아니라, '진실을 이해시키는 과정'이었다. 환자의 죽음은 누구의 잘못도 아니었지만, 유족과 관계자에게는 '왜'라는 설명이 필요했고, 의료진에게는 그 설명을 통해 '면죄'가 필요했다. 경찰은 그 중간에서 모든 가능성을 조사했고, 양쪽 모두에게 필요한 해석을 제공했다.

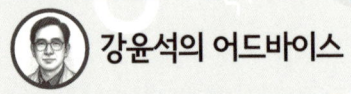 강윤석의 어드바이스

마취 중 돌연사, 마취 전 평가의 한계와 중요성

전신마취는 대규모 수술에서 통증 차단, 근육 이완, 의식 상실을 유도하기 위해 사용하는 필수적인 절차이며, 마취 중에는 인공호흡기를 통해 산소를 공급하고 전신 상태를 지속적으로 모니터링한다. 현재 국내 대부분의 병원에서는 마취과 전문의가 마취 전후 과정을 전담하며 안전하게 관리하지만, 아주 드물게 사전 이상소견이 없던 환자에게서도 예측 불가능한 심정지나 돌연사가 발생할 수 있다.

마취 전 평가는 환자의 과거 병력, 심전도, 폐기능 검사, 혈액검사 등을 통해 이뤄지며, 미국마취학회(ASA) 기준에 따라 신체상태를 1~5등급으로 나누어 위험도를 판단한다. 그러나 이 평가가 절대적인 것은 아니다. 환자가 자각증상이 없었던 심혈관 질환, 심근비후, 전기생리학적 이상 등을 보유하고 있는 경우, 마취유도제 투여 직후 부정맥, 급성 저혈압, 심정지로 이어질 수 있다.

이러한 돌연사는 마취약 자체의 독성보다 환자의 생리적 반응과 기저 질환의 상호작용에서 기인하며, 1만~5만 건 중 1건 정도의 낮은 빈도로 보고되지만, 그 파급력은 매우 크다.

따라서 마취 전에 과거 수술 및 마취 경험, 심장질환 여부, 가족력, 복용 중인 약물 등을 빠짐없이 고지해야 하며, 해당 정보를 마취과 전문의가 직접 확인하는 절차가 중요하다. 평소 건강하다고 여긴 사람일수록 무증상 기저질환이 숨어 있을 수 있으며, 수술 전 시행되는 심전도, 혈액검사 결과에 이상이 없더라도 돌연사의 가능성이 '제로'가 아님을 인식해야 한다.

수술 동의서에는 '마취 중 예기치 못한 사망 가능성'이 명시되어 있는 경우가 많으며, 이는 과실이 아닌 의료의 한계에 대한 고지임을 이해할 필요가 있다.

전신마취는 통제된 과정이지만, 그 안에 담긴 환자의 반응은 모든 변수로부터 자유롭지 않다. 준비가 충분해도, 결과는 언제나 예외를 포함할 수 있다는 사실을 잊지 말아야 한다.

폐 흉강경 수술 후 사망 -
통제 불가능했던 내부의 출혈

2022년 2월 7일 오전 9시 30분, 수도권 소재 ○○대학교병원 흉부외과 수술실. 66세의 피해자는 폐에 고여 있던 염증성 흉막액 찌꺼기, 즉 흉막에 앉은 딱지를 제거하기 위해 '흉강경 수술'을 받았다. 흉강경 수술은 최소침습적 방법으로 가슴벽에 작은 구멍을 낸 후 내시경을 삽입하여 병변을 제거하는 방식이다. 출혈 위험이 낮고 회복이 빨라 널리 사용되고 있다.

그러나 이 수술은 예기치 못한 결과로 이어졌다. 수술은 정상적으로 종료되었는데, 환자는 중환자실로 이송되던 도중 갑작스레 심정지 상태에 빠졌다. 의료진은 즉시 심폐소생술을 시행했지만 환자는 결국 사망하고 말았다.

신고는 유족으로부터 시작되었다. 피해자의 목 부위에서 출혈이 있었고, 의료진은 그에 대해 명확한 설명을 하지 않았다는 점에서 강한 의혹을 품은 유족은 112에 신고한 후 고소장을 접수했고, 사건은 우리 의료사고 전문수사팀에 이관되었다.

우리는 즉시 의료기록과 수술기록, 마취기록지, 간호일지, 수술실 CCTV(설치되어 있는 병원에 한함), 중환자실 이송 보고서 등을 확보했고, 국립과학수사연구원에 부검을 의뢰했다. 부검 결과는 '다량의 출혈에 따른 혈량 감소성 쇼크 및 동반된 파종성 혈관 내 응고장애(DIC, Disseminated Intravascular Coagulation)'였다.

파종성혈액응고장애란 신체 전반에 미세한 혈전이 갑자기 발생하고, 이로 인해 혈액 내 응고 인자가 급속히 소모되면서 오히려 출혈이 멈추지 않는 상태에 빠지는 현상이다. 이는 외과 수술 후 또는 패혈증, 외상, 암 등 중증 질환 환자에게서 드물지만 치명적으로 발생할 수 있으며, 의료계에서도 가장 예측이 어려운 응급 사태로 알려져 있다.

유족은 피해자의 목 부위 출혈을 근거로 "수술 부위와 상관없는 부위에서 출혈이 있었다는 것은 수술 중 의료진의 실수가 있었던 것 아니냐"며 강하게 의혹을 제기했다. 우리는 모든 가능성을 열어둔 채 수사에 착수했다. 수술에 참여한 흉부외과 담당의, 마취과 전문의, 간호사, 수술보조인력 모두를 조사했고, 수술 당시 기록을 일자별로 정리해 분석했다.

담당 의사는 이렇게 진술했다. "수술 자체는 순조롭게 진행되었고, 출혈 양상도 특별히 위험한 수준은 아니었습니다. 피해자는 활력징후도 안정적으로 유지하고 있었으며, 중환자실로 이송되던 중 갑작스럽게 심정지가 발생해 심폐소생술을 시행했지만 회복되지 않았습니다."

우리는 흉부외과학회, 중재원, 사설감정기관, 동일 분야 전문의 등 총 네 개 기관에 감정을 의뢰했다. 감정 결과는 일치했다. 파종성혈액응고장애는 사전 예측이 불가능하며, 조기 발견도 극히 어렵고, 발현된 이후의 대응은 제한적이라는 점. 특히 고령의 환자이거나 면역력이 약화된 경우, 수술 후 수 시간 내에 급격히 진행될 수 있다는 것이었다.

우리는 그 결과를 유족에게 상세히 설명했다. '목 부위 출혈'은 수술 직후 시술과정 중 혈관이 약해진 부위에서 발생할 수 있으며, 전신 출혈로 이어지는 과정 중 한 부위에 불과하다는 의학적 설명도 함께 제시했다. 초기에는 받아들이지 못하던 유족도, 차근차근 정리된 감정자료와 의학논문, 유사 판례들을 보고 고개를 끄덕였다.

결국 이 사건은 '불송치' 처분되었고, 의료진은 형사 책임에서 벗어났다. 그들은 경찰 조사 후 "우리도 너무 억울했지만, 수사를 통해 객관적 사실이 확인되어 다행이다"며 안도의 숨을 내쉬었다. 반면 유족도 "이해는 어렵지만, 설명을 듣고 나니 억울함이 조금씩 가라앉는다"

며 감사를 전했다.

 사실 수사팀 입장에서도 이 사건은 간단치 않았다. 환자가 사망했고, 의심받을 만한 부위에서의 출혈까지 있었다. 하지만 냉정하게 기록과 사실만을 추적한 끝에, 우리는 이 죽음이 누구의 잘못도 아닌 '예측 불가능한 의학적 한계'라는 것을 설명할 수 있었다.
 의료사고 수사는 유족에게 위로가 되고, 의료진에게는 억울함을 해소하는 기회가 된다면, 그 자체로 가치가 충분하다.
 예측할 수 없는 생명의 끊어짐 앞에서, 수사는 사람을 위한 언어로 진실을 말해야 한다. 이번 사건이 그 진실의 말끝에 '이해'를 남길 수 있었다면, 그건 분명히 우리가 잘한 일이다.

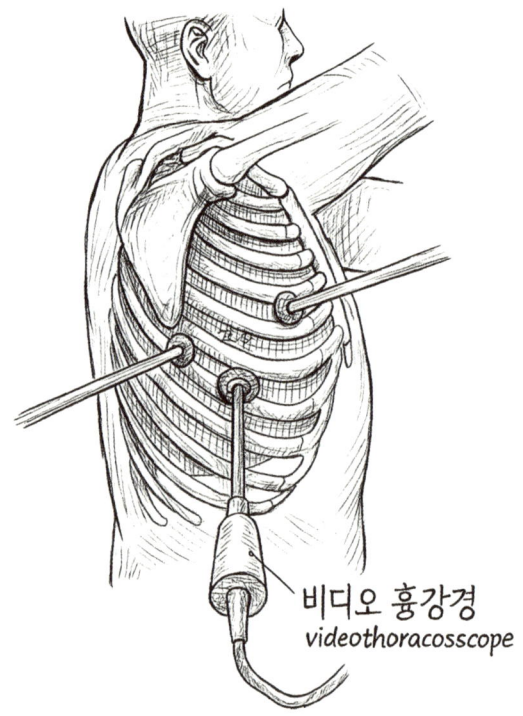

비디오 흉강경
videothoracosscope

흉강경수술 (VATS)

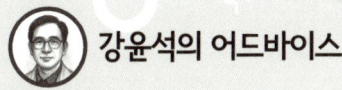

흉강경 수술 중 출혈의 위험성과 환자의 이해가 필요한 지점

흉강경 수술(Thoracoscopic surgery)은 가슴 부위의 절개를 최소화하여 내시경과 특수 기구를 삽입해 폐, 흉막, 종격동 등의 병변을 치료하는 수술 방식이다. 개흉술에 비해 통증과 회복 기간이 짧아 최근 대부분의 폐수술에서 표준으로 사용되고 있다.

그러나 흉강경 수술은 수술 부위가 좁고 시야가 제한된 상태에서 이루어지기 때문에, 혈관 손상에 의한 급성 출혈이 발생할 경우 조기 대응이 어렵고, 출혈량이 급격히 증가하면 생명을 위협하는 상황으로 빠르게 전개될 수 있다. 특히 폐는 혈관 분포가 풍부하여 절제 과정 중 폐동맥 또는 폐정맥을 건드리면 수초 만에 대량출혈이 일어날 수 있으며, 이 경우 개흉 전환이나 수혈, 심폐소생술이 동반되더라도 회복이 어렵다.

실제 수술기록상 의료진이 정해진 해부층을 따라 정확한 술기를 시행했더라도, 예기치 못한 해부학적 변이나 혈관의 위치 이상, 혈압 변화에 따른 혈관 파열 등의 이유로 내부 출혈이 발생하는 경우가 있다. 이는 수술 전 영상검사에서도 확인이 어려우며, 의료진의 주의와 기술만으로 100% 예방할 수는 없다.

흉부 수술을 앞둔 환자와 가족은 수술 전 의료진으로부터 출혈 가능성과 그에 따른 조치, 개흉 전환 여부, 응급상황 발생 시 대응 계획 등에 대한 설명을 반드시 들어야 하며, 관련 내용을 서면으로 확인하는 절차를 거치는 것이 바람직하다. 특히 고령자, 항응고제를 복용 중인 환자, 폐 기능 저하 환자의 경우 위험도는 더 높아진다.

또한, 수술 후 경과 중 급격한 산소포화도 하락, 흉통, 혈압 저하, 의식 저하 등의 징후가 발생하면 단순 회복 과정이 아닌 응급 상황의 전조일 수 있음을 인식하고, 즉시 의료진에게 알리는 것이 필요하다.

흉강경 수술은 정교하고 효과적인 수술이지만, 그만큼 작은 오차나 돌발 변수에도 생명이 영향을 받을 수 있는 고위험 시술임을 환자와 보호자 모두 반드시 이해하고 있어야 한다.

Part3

강윤석의 짧은 자서전

생명을 향한 형사의 길

의료사고
전문수사팀을 이끌며

서울경찰청 광역수사대 의료사고 전문수사팀 팀장. 이는 지금의 나를 가장 정확하게 설명해주는 직함이다. 형사로서 30년 넘는 시간을 보내온 내게, 의료사고 전문 수사라는 영역은 새로운 시작이자, 경찰 인생 후반부에 주어진 가장 묵직한 소명이었다.

의료사고 전문수사팀은 2015년 3월, 경찰청 최초로 서울경찰청 산하에 신설되었다. 그 배경에는 가수 신해철 씨 사망 사건이 있었다. 의료사고 수사를 맡았던 당시 송파경찰서의 고군분투는 의료 수사에 대한 전문성 부족을 여실히 드러냈고, 조직 내부에서도 "전문팀을 꾸릴 때가 됐다"는 공감대가 형성됐다. 그리하여 탄생한 팀의 초대 팀장으로 내가 지명되었다.

팀장을 맡은 이후, 의료사고 수사가 얼마나 고도의 전문성과 집중력을 요구하는 일인지 실감하게 되었다. 수사 대상은 총도 칼도 아닌, 의무기록과 진료차트였다. 의료인의 손끝에서 비롯된 실수와 은폐는 흔적 없이 사라지기 일쑤였고, 피해자와 유족은 전문지식의 장벽 앞에 속수무책으로 무너졌다. 하지만 경찰이 단단히 중심을 잡고 서 있을 때, 그 절망은 진실을 향한 단서가 되기도 했다.

나는 형사로서의 직감에만 의존하지 않기로 했다. 의료 분쟁 판례를 수집하고, 병원 기록을 분석하며, 의료전문가들과 협력 체계를 구축했다. 수사 초기에는 의료지식의 빈틈이 적지 않았으나, 꾸준한 학습과 실무 경험을 통해 수사 기반을 다져나갔다. 각종 수사서류와 감정의뢰서를 작성하는 방식부터 포렌식으로 기록을 복구하는 법까지, 우리 팀은 의료사고 수사의 새로운 모델을 하나하나 구축해갔다.

그 결과, 수많은 주목할 만한 사건들이 우리 손을 거쳐 세상에 드러났다. 강남 성형외과 프로포폴 재사용 사건, 대학병원 분만 중 낙상 사망 사건, 중국인 유학생 낙태 사망 사건, 신생아 살해 은폐 사건 등은 그 중 일부에 불과하다. 특히 권대희 사건은 의료과실과 조직적 은폐의 전형을 보여주는 사례로, 의료계 안팎에 적지 않은 파장을 일으켰다.

이러한 성과는 팀의 규모와 기능을 확장하는 계기가 되었다. 현재 의료사고 전문수사팀은 서울시 내 상급종합병원, 대학병원, 전문 클리닉 등에서 발생하는 각종 사건을 전담하고 있으며, 다른 시도 경찰청에도 유사한 조직이 신설되는 계기가 되었다. 나는 지금도 직접 사건을 챙기고, 유족의 진술을 청취하며, 보고서의 문장 하나하나까지 꼼꼼히 확인한다.

　수사란 결국 사람의 생명을 지키는 일이며, 그 생명의 흔적을 끝까지 좇는 일이다. 진실은 언젠가 드러난다. 우리는 그날을 조금 앞당기기 위해 존재한다. 나와 우리 팀이 지금 여기 있는 이유는 그것 하나다.

소년 강윤석의 꿈

경찰이라는 직업을 처음 의식한 것은 초등학교 시절이었다. 아버지는 당시 서울 모 경찰서에서 강력계 형사로 일하고 계셨고, 종종 야간 근무를 마치고 이른 아침 집으로 돌아오셨다. 피곤한 기색을 감추지는 못했지만 아버지는 늘 단정한 모습이었다. 어린 눈으로 바라본 경찰은 범죄자를 잡는 영웅이자, 동네의 든든한 버팀목이었다.

아버지의 이야기를 들으며 자란 나는, 자연스레 '경찰'이라는 존재에 매혹되었다. 어릴 적부터 사람들의 이야기를 경청하고, 억울한 일을 보면 참지 못하던 성격은 그 무렵부터 자리잡았던 것 같다. 중학교 시절, 학교폭력을 목격하고도 아무도 나서지 않을 때, 나 혼자 교실 문을 열고 선생님을 찾아갔던 일이 있었다. 그때 받았던 시선과 혼란스러움, 그리고 나중에 건넨 친구의 고마운 말 한마디는 지금도 생생하다.

정의라는 감정은 이론이나 훈련이 아니라, 결국 어떤 경험에서 시작된다고 나는 믿는다.

당시에는 군인이 될지 경찰이 될지 사이에서 방황하기도 했다. 그러나 결정적으로 내 마음을 경찰로 끌어당긴 사건은 아버지의 수사기록들을 접한 이후였다. 아버지는 업무상 들고 온 서류뭉치를 식탁에 올려두셨고, 호기심 많은 나는 그 안에 적힌 문장들을 하나하나 따라 읽었다. 거기에는 누군가의 억울함과 피해, 그리고 그것을 밝혀내기 위한 고된 추적의 기록이 빼곡히 적혀 있었다. 나는 그 기록들을 보며 형사가 된다는 것은 단지 '범인을 잡는 일'이 아니라, '사람의 사연을 이해하는 일'임을 깨닫게 되었다.

1989년 8월, 나는 서울지방경찰청 소속 순경으로 임용되었다. 교육생 시절의 나는 결코 눈에 띄는 학생은 아니었지만, 누구보다 성실했고, 어떤 실습에도 '한 번 더 해보겠습니다'라는 말을 반복하곤 했다. 지도관들도 그런 태도를 좋게 보셨고, 나중에 형사계 쪽으로 배치를 추천해 주셨다.

형사기동대에서의 실무를 거치며 나는 사람을 수사하는 것이 아니라, '사람 속 진실'을 수사하는 일이라는 확신을 점점 더 가지게 되었다. 경찰은 곧 '사람'의 직업이었다. 피의자든 피해자든, 사건 속 중심에는 언제나 사람이 있었고, 진술 하나, 시선 하나, 망설임 하나가 사건의 실체를 흔드는 결정적인 단서가 되기도 했다.

나는 그 시절부터 매일 새벽같이 출근했고, 강력 사건이 발생하면 현장에 가장 먼저 도착하려 애썼다. 현장은 늘 무겁고 복잡했다. 그러나 그런 현장에 가장 먼저 도착한 수사관으로서의 책임감은 내가 스스로를 단련하게 한 힘이었다. 당시엔 기록을 정리하는 것도 손으로 써야 했고, 전화기 하나를 잡기 위해 줄을 서기도 했다. 그러나 그 모든 불편함 속에서도 나는 경찰이라는 직업의 정체성을 뚜렷이 느낄 수 있었다. 나의 직업은 누군가의 상처를 마주하고, 그로부터 진실을 복원하는 일이었다.

당시를 돌아보면 뚜렷이 기억에 남는 사건이 하나 있다. 1991년, 서울 시내 전역의 치과병원과 미용실, 의상실 등에 손님으로 가장해 침입해서 강도 행각을 벌인 2인조 강도 사건이었다.

사건의 첫 시작은 1991년 10월 24일, 서울 강남구의 한 피부관리실이었다. 선글라스를 쓴 두 명의 남자가 속칭 '사시미칼'로 종업원과 손님들을 위협해 현금 20만 원을 빼앗아 달아났다. 그리고 10월 30일 도봉구의 한 치과에서 비슷한 수법으로 손님과 의사를 결박하고 500만 원가량의 금품을 털어 달아났다. 11월 14일에는 인천의 피부미용실이 피해를 입었고, 서울 시내 치과병원 네 곳과 의상실 세 곳에서 1,500만 원 정도의 금품과 의상 등을 빼앗겼다.

사건이 점점 커지면서 1992년 1월 17일 서울지방경찰청 강력과 특수강력수사대 제1제대에서 수사에 나섰다. 우리는 모든 피해현장을 다니면서 범인들의 범행특징과 범행장소의 특징을 파악했다. 수사 결과 범인들은 언제나 '스키용 선글라스'를 끼고 있었고, 범행장소가 모두 지하철역 5분 거리 이내, 그리고 상가건물 2층에 있는 상가를 노렸다는 것이 밝혀졌다. 끈질긴 추적 끝에 우리는 '교도소 동기'였던 두 사람의 범인을 체포할 수 있었다.

특히 이 사건이 기억에 남을 수밖에 없는 것은, 이 사건 해결로 동기들 가운데 가장 먼저 특진을 하는 영광을 누렸기 때문이다.

나는 형사기동대의 생활을 통해 강력사건에 좀 더 깊숙이 참여하고 싶었다. 그래서 다음 자리를 요청했다. 나의 바람은 곧바로 이뤄지지 않았지만, 몇 개월 후 송파경찰서 형사과로 발령을 받았다.

그 사건 이후, 나는 처음으로 '이 일이 내 천직'이라는 느낌을 받았다. 경찰이 아니었다면, 나는 과연 어떤 삶을 살고 있었을까. 매일 어딘가에서 발생하는 사건을 대하며 누군가의 상처를 마주하고, 끝내 그 상처를 해소해 주는 역할. 그것은 내가 어릴 적부터 꿈꿔왔던 '정의'의 또 다른 형태였고, 나는 이제 그것을 살아내고 있다는 자부심을 갖게 되었다.

이 시기를 지나며 나는 경찰 내에서도 인정을 받기 시작했다. 상사들은 내게 더 깊은 사건을 맡겼고, 동료들은 나를 믿고 따라주었다. 나는 사건의 크기와 무관하게 모든 수사를 같은 무게로 받아들였다. 그것이 내 원칙이었다. 잊혀진 사건, 주목받지 못한 사건일지라도 누군가에겐 전부였고, 나는 그 전부를 지켜줘야 할 사람이라는 책임을 마음에 새겼다.

이때부터 나는 강력사건, 특히 미제 사건에 천착하게 되었다. 해결되지 못한 죽음, 설명되지 못한 상처, 끝내 결론을 맺지 못한 기록들. 나는 그런 사건들에서 수사관의 존재 의미를 가장 또렷이 느꼈다. 그렇게 시작된 '장기미제' 사건에 대한 나의 집착은 이후 나의 경찰 인생을 완전히 새로운 방향으로 이끌게 된다.

강력반 시절,
강력사건과의 싸움

송파경찰서 형사과에서의 몇 해는 나의 형사 인생에서 중요한 전환점이었다. 정식으로 강력반에 배치된 이후, 나는 연쇄 강도, 특수절도, 강간, 살인 사건을 연이어 접했다. 잊을 수 없는 것은 그 시절의 사건 하나하나가 단순한 '업무'가 아니었다는 사실이다. 사건은 언제나 사람의 비극과 맞닿아 있었고, 그 중심에서 진실을 찾아야 하는 형사로서의 역할은 생각보다 무겁고 고독했다.

송파경찰서 형사과에서는 본격적으로 강력사건에 투입되었다. 많은 사건들을 해결했지만 그중에서도 특히 잊을 수 없는 사건이 하나 있다. 이른바 '풍납동 강도살인 사건'이다.

1998년이었다. 올림픽대교 교각 밑에서 불에 탄 사체 한 구가 발견되었다. 검시 결과 강간 살해한 다음 사체 훼손을 위해 불을 지른 것으로 밝혀졌다. 수사팀은 발 빠른 수사로 범인을 특정하고 체포했다. 절도 및 미성년자 추행 등 전과 11범의 31세 무직자였다. 그런데 수사팀의 촉에 또 다른 무엇인가가 걸려들었다. 범인이 자신의 아내가 돌아오지 않는다고 가출 신고를 했던 점이 수상하게 보였던 것이다. 끈질긴 추궁과 수사 끝에 결국 범인이 아내를 살해하고 그 사체를 중부고속도로 인근 야산에 유기했다는 걸 밝혀냈다.

올해로 형사 생활 35년째다. 1989년 경찰에 입문한 뒤, 줄곧 강력계에 몸담았다. 지금까지 검거한 강력범만 1,000명을 넘긴다. 굳이 숫자를 세려던 건 아니었다. 어느 날 기자가 물어와서 대략 계산해 본 결과였다. 형사는 누군가를 쫓는 사람이 아니라, 잡아야 할 이유를 끝까지 놓지 않는 사람이라고 믿는다.

많은 사람이 내 이름을 알게 된 건 1997년 탈옥수 신창원 검거 사건을 통해서였을 것이다. 부산교도소를 탈출한 그는 무려 907일 동안 전국을 떠돌았다. 경찰은 그를 잡기 위해 97만 명의 인력을 동원했고, 현상금은 5천만 원까지 올라갔다. 나는 당시 서울지방경찰청 수사본부 담당이었다.

신창원은 탈옥 1개월 전부터 동료 재소자에게 차량 열쇠 없이 승용차를 운전하는 방법을 배웠고, 3개월 전부터는 식사량을 조절해 3개월 동안 80kg이던 체중을 60~65kg까지 감량했다. 그리고 창고에서 쇠톱

2개를 훔친 뒤 야간 음악방송 시간에 환기구에 설치된 쇠창살을 쇠톱으로 조금씩 절단했다.

탈옥 당일 오전 2시 수용소 화장실 안 환기구를 통해 빠져나간 신창원은 교도소 인근에서 자전거를 훔쳐 타고 근처 농원까지 가서 양복과 외투, 구두를 훔쳐 옷을 갈아입었다.

신창원은 교도소 탈출 이후 약 2년 동안 전국을 오가며 약 9억 8천여만 원을 훔쳤고, 훔친 돈으로 유흥업소, 다방 여종업원들을 유혹해 동거하며 아지트로 삼았다. 하지만 토굴 등에서 생활하며 쥐고기로 연명한 적도 있다고 한다.

수많은 제보와 오보, 추적 끝에 1999년 7월 16일 전남 순천 한 아파트에서 동거녀와 함께 있던 신창원은 가스관을 수리하러 왔던 수리공의 제보로 체포됐다.

사실 내가 처리한 미제사건이나 강력사건 중에는 일반 시민들에게는 알려지지 않은 사건이 훨씬 더 많다. 그중 기억에 남는 '장기 미제 암수범죄' 두 가지를 소개한다. '암수범죄'란 범죄가 발생했으나 신고나 고발 등이 없어서 수사기관이 인지하지 못하거나(절대적 암수), 인지를 했더라도 증거가 부족해 증거불충분으로 끝나는 경우(상대적 암수)의 범죄를 뜻한다.

첫 번째는 내연녀와 공모해 아내 명의의 생명보험금 8억 원을 편취한 사건이다.

세 곳의 보험사에 동시에 가입된 8억 원의 생명보험 수익자는 남편이었고 피해자는 그 남편에게 살해된 아내였다. 놀라운 건, 남편이 한때 승려였고 살인죄로 구속되었다 대법원에서 무죄 판결을 받고 풀려났다는 점이었다.

남편은 석방 이후 세 군데 보험사로부터 거액을 수령했다. 수사팀은 보험계약서를 처음부터 다시 살폈다. 그 결과 피보험자의 휴대전화번호가 다르다는 것과 가입 당시 상담을 한 사람이 아내가 아닌 내연녀 김 씨였다는 걸 밝혀냈다. 내연녀가 아내 행세를 하며 보험에 가입했고, 아내는 두 사람이 계획적으로 살해한 것이었다.

이 사건은 단순한 보험 사기가 아니라 치밀한 공모 아래 저질러진 장기 미제사건이었다. 범인은 캄보디아로 도피했지만, 우리는 여권을 막고, 인터폴 적색수배를 요청했다. 그리고 마침내 그는 2012년 9월 3일 새벽, 인천공항에서 체포됐다.

두 번째 암수범죄는 '보험금을 노린 완전범죄'였다.

보험 사기 사건은 많지만 이 사건은 한 가지 특이한 점이 있었다. 그것은 바로 자기 자신의 죽음을 꾸며냈다는 점이다. 주인공은 무속인 안 모 씨. 그녀는 자신이 사망한 것처럼 꾸며 보험금 34억 원을 타내려고 했다. 이를 위해 언니와 내연남, 보험설계사까지 끌어들였다. 작전은 치밀했다. 노숙 여성을 유인해 수면제를 탄 술을 마시게 해서 끝내 숨지게 했다. 그리고 자신이 입던 옷으로 갈아입힌 다음 그녀의 언니가 "동생이 쓰러졌다"고 신고했다.

병원에서는 뇌지주막하출혈로 사망 진단이 내려졌고, 시신은 화장되었다. 유골은 임진강에 뿌렸다. 완벽해 보였지만 작은 의심 하나가 실마리가 되어 우리는 보험금 청구와 계좌 흐름, 주변 인물의 통화내역까지 하나하나 파고들었고, 결국 광주에 숨어 있던 안 씨를 포함한 일당을 검거했다. 나는 늘 현장에서 답을 찾았다. 사건이 발생한 곳은 언젠가 범인이 다녀간 장소이기도 하고, 피해자가 마지막으로 존재했던 공간이기도 하다. 거기서 길을 걷고, 냄새를 맡고, 사람들을 만나면 놓쳤던 게 보이기도 했다. 수사라는 건 기술이나 데이터 이전에, 사람이 현장을 이해하려는 노력에서 시작된다고 믿는다.

강력사건과 장기미제 사건을 다루는 형사로서의 내 경험은 의료사고 전문수사라는 새로운 분야로 확장되었다. 처음에는 생소했지만, 본질은 같았다. 진실을 끝까지 좇는 일, 그리고 그 진실을 통해 누군가의 억울함을 해소해 주는 일이다.

의료사고 전문 수사팀의
창설과 성장

 2014년 가을, 의료사고로 한 유명인의 의료사고가 세상을 떠들썩하게 했다. 가수 신해철. 그가 받은 위 절제 수술은 단순한 의료행위처럼 보였지만, 사망으로 이어지며 의료사고의 경계에 대한 논란을 불러일으켰다. 수사는 송파경찰서 형사과가 맡았고, 나는 그 사건을 인근 강력반에서 바라보고 있었다. 경찰 내부는 이 사건을 계기로 큰 변화를 모색하기 시작했다. 의료와 수사는 전혀 다른 언어를 쓰는 세계였고, 경찰은 이 '다른 언어'를 이해해야만 했다.
 서울경찰청은 의료사고 전문수사팀의 창설을 결정했다. 명확한 모델도, 매뉴얼도 없던 시기였다. 경찰 수사관 중 의료를 전공한 사람은 없었고, 병원 시스템이나 진료 흐름에 대한 이해도는 전무하다시피 했다. 이 낯선 분야에 첫발을 내딛을 사람으로 나는 지명되었다. 이유는 간단했다. 강력계에서 가장 오래 있었고, 복잡한 사건을 끝까지 추적하는 끈기가 있다는 평가 때문이었다.

2015년 3월, 서울청 광역수사대 내에 의료사고 전문수사팀이 공식 출범했다. 모두 강력계 출신 형사들이었다. 우리는 '무기' 대신 의무기록을 들여다보는 법을 배워야 했고, 증언 대신 진료차트를 해석해야 했다. 수사기법도 새로 만들어야 했다. 첫 몇 달간은 전국의 유사 사건 판결문을 모아 읽고, 의료사고와 형법이 어떻게 만나는지를 분석했다. 의료사고는 단순한 실수가 아니라, 그 실수를 숨기려는 순간 범죄가 된다는 점을 우리는 현장에서 체감했다.

첫 번째 사건은 혜화경찰서에서 이첩된 중국인 유학생 낙태 사망사건이었다. 병원 측은 처음에는 의무기록을 조작하려 했고, 담당 의사는 동료들과 입을 맞추는 정황을 보였다. 우리는 수사 초기부터 진료기록을 디지털 포렌식으로 복원하고, 소변 배출량과 수액 주입량을 비교 분석하는 방법으로 사건을 풀어갔다.

이 사건을 통해 우리는 두 가지를 배웠다. 첫째, 의료사고는 '사고'가 아니라 '과실'과 '은폐'로 구성되는 구조적 문제라는 것. 둘째, 병원의 시스템과 기록 흐름을 정확히 이해하지 않으면 어떤 증거도 확보할 수 없다는 점이었다. 이후 팀은 전담 교육을 통해 의료정보 시스템, 진료과목별 차트 작성 방식, 감정의뢰 절차 등을 체계적으로 익혔다.

특히 '실황조사 기법'은 의료사고 수사에 큰 도움이 되었다. 실황조사 기법이란 수술에 참여한 의사, 간호사, 조무사 등 모든 관련자를 병원 회의실에 모아 사건 당시 상황을 인형과 가상의 수술대 위에서 재현하도록 하는 것이다. 누가 언제 무엇을 했는지를 시각적으로 재구성하면 기억의 오류와 허위 진술이 확연히 드러났다. 이 방식은 이후 신생아 낙상 사망사건, 제왕절개 영아 살해사건 등에서도 적용되어 큰 효과를 보았다.

의료사고 수사팀이 자리를 잡으면서 다른 시도 경찰청 수사팀에서도 자문 요청이 늘었고, 경찰청은 우리 팀을 모델로 하여 의료사고 전문수사팀을 전국에 확대하기 시작했다. 현재까지 수사한 의료사건은 500여 건이 넘고, 구속 송치는 30건 이상에 이른다.

나는 이 과정에서 끊임없이 공부했다. 법의학, 약리학, 의료과실 판례, 진단명 해석, 감정 절차. 2024년에는 경찰학 박사학위를 받았다. 논문 주제는 '의료과실 사고에 대한 경찰 수사력 강화 방안 연구'였다. 그것은 내가 걸어온 길을 학문적으로 정리한 작업이자, 앞으로 걸어갈 길을 위한 나침반이었다.

우리가 하고 있는 의료사고 수사는 특수하다. 피해자는 대부분 사망하거나 의식을 잃은 상태이고, 가족은 의료 지식이 부족해 병원의 말을 믿을 수밖에 없다. 이 절망의 순간, 경찰이 나서야 한다. 우리는 결과보다 과정에 집중한다. 그리고 오직 진실만을 따른다.

　10년 전, 아무도 가지 않던 길을 걸어가기로 결심했던 날을 나는 기억한다. 지금은 그 길에 많은 발자국이 함께 남아 있다. 나는 그 가운데 맨 앞자리를 여전히 묵묵히 지키고 있다.

피해자 가족과 함께 걸어가는 길

형사로 살아온 지난 세월, 수많은 사건과 마주해 왔다. 미제로 남았던 장기 사건들을 풀어내며, 목소리조차 잃어버린 유가족의 한을 조금이나마 위로할 수 있었다. 의료사고 전문수사팀을 이끌면서는 더 많은 침묵을 마주했다. 죽음으로 항변하지 못한 환자들, 그들을 잃고도 제대로 된 설명 하나 듣지 못한 가족들. 나의 수사는 언제나 그 침묵에서 출발했고, 진실을 향해 고요한 흔적들을 따라가는 일이었다.

이제 나는 정년을 눈앞에 두고 있다. 수사서류에 남긴 이름, 법정에 선 피의자의 등 뒤, 유가족의 손을 잡아주었던 그날의 따뜻함. 그것이 나의 경찰 인생의 기록이고, 존재의 근거다. 그러나 아직 나는 '끝났다'는 말을 할 수 없다. 아직 할 일이 많아 남아있기 때문이다.

의료사고 피해자들은 여전히 어렵다. 복잡한 의료용어, 폐쇄적인 병원 문화, 막대한 소송 비용, 그리고 의료인들의 조직적인 침묵. 피해자들은 여전히 '무엇을 어떻게 해야 할지 모른다'. 변호사를 선임해도 사건은 쉽게 나아가지 않고, 정보 접근권도 제한되어 있다. 내가 수많은 사건을 수사하며 확인한 것은 '경찰이야말로 가장 확실한 구조자'라는 사실이었다. 경찰은 수사권을 갖고 있으며, 중립적이다. 무엇보다 피해자의 곁에 가장 오래 남아 있는 존재다.

나는 그 믿음을 가지고 은퇴 후에도 의료사고 피해자들을 위한 일을 계속할 생각이다. 그 형태가 꼭 수사가 아니더라도, 조언과 안내, 강의, 제도 개선을 위한 자문 등 무엇이든 가능하다. 지금까지의 경험과 노하우, 판례와 기법, 감정과 분석의 틀들을 정리하고, 후배 경찰들에게도 물려주고 싶다.

나는 의료사고를 하나의 '사건'으로 보지 않는다. 그것은 곧 '사람의 문제'이고, '책임의 문제'이며, 궁극적으로는 '공동체의 신뢰'에 관한 문제다. 의료행위는 누구나 받을 수 있는 필수 영역이고, 그만큼 그 안에서 발생하는 사고는 우리 모두의 몫이다. 그래서 나는 경찰이라는 자리에서 그 문제를 다뤄왔고, 앞으로도 그 길을 지키고 싶다.

내게 있어 경찰은 단지 직업이 아니었다. 그것은 나의 정체성이자 삶의 자세였다. 나의 아버지가 그랬고, 나 역시 그러했다. 부자가 함께 청룡봉사상을 받은 일은 나의 자부심이자 책임이다. 나는 그 책임을 지금도, 그리고 앞으로도 지고 싶다.

나는 다짐한다. 진실은 반드시 드러난다. 침묵이 있다면, 반드시 그 너머에 목소리를 붙들어줄 사람이 필요하다. 나는 그 사람이 되기로 오래전부터 결심했다. 그 결심은 은퇴 후에도 변함이 없을 것이다.

내가 지키는 것은 지금도 법이 아니라, 사람이다.

| 언론 속의 강윤석 팀장 |

2024년 10월 18일 〈용감한 형사들〉 출연

2025년 1월 29일 〈유퀴즈〉 출연

2025년 4월 4일 〈형사들의 수다〉 제1회 출연

2025년 5월 23일 〈형사들의 수다〉 출연

부록1

의료사고에 대한 일반적 고찰

일러두기
부록1 〈의료사고에 대한 일반적 고찰〉은 『의료행위와 법』(2010. 현문사, 이덕환)의 내용을 많은 부분 참고하였습니다.

| 부록1 |

의료사고에 대한 일반적 고찰

❶ 의료사고의 현실

의료사고는 그 발생 원인이 매우 다양할 뿐만 아니라 의료기관에서 과실을 인정하는 경우 또한 극히 드물어 환자와 가족(혹은 유족)이 겪는 정신적, 신체적 고통과 시간적, 경제적 손실이 막대하며 이는 사회적 부담 요소로 작용한다. 고도의 전문 영역인 의료 부분에 있어 일반인이 의료인의 잘못을 찾아내기에는 분명한 한계가 있기에 의료사고의 다양한 원인 가운데 의료인의 과실 또는 지식 부족으로 발생한 사고들에 대해서는 수사기관의 적극적인 개입으로 피해 사실을 규명함으로써 시민건 안전을 담보하도록 해야 한다는 사회적 필요성이 대두되고 있다.

❷ 의료분쟁(사고)의 증가

의료사고로 인한 의료분쟁은 의사와 환자(혹은 보호자, 유족) 측의 다툼을 말하며 일반적으로 의사의 진료 과실이나 설명의무위반으로 인하여 발생하고 있으나 의료용구의 결함에 의해서도 발생할 수 있으며 제3자가 문제를 야기시키는 경우도 있다. 현대 의학과 의료기술은 날로 고도의 발전이 있음에도 불구하고 의료분쟁은 계속 증가하고 있는 추세이다.

❸ 의료분쟁(사고)의 증가 원인

(1) 의료수혜의 확대

의료분쟁(사고)은 의료수요의 증가에 비례하여 발생하고 있다. 국민소득의 증가와 생활 수준의 향상으로 국민의 건강에 관한 관심이 높아지고 전 국민 의료보험을 실시에 따른 의료수요의 양적 증가와 이로 인해 의사가 제한된 시간에 많은 환자를 진료하여야 하는 상황에서 불친절과 불신을 유발하게 되면서 의사와 환자 간의 신뢰에 나쁜 영향을 주는 요인이 되었다.

(2) 권리의식의 신장

종래에는 환자가 의사의 권위에 절대복종하는 이른바 의료부권주의(醫療父權主義)[1]를 견지해 왔으나 오늘날은 환자가 의료처치에 대한 중대

---

1) 의사의 의학적 판단이 전적으로 환자에게 도움을 준다는 주의, 의사는 의료에 대한 전문가이므로 결코 환자를 나쁘게 하지 않는다. 따라서 환자는 의사의 결정에 따라야 한다는 내용

한 결정에 참여할 권리를 주장하는 환자부권주의로 바뀌었으며 의료행위가 의사와 환자 간의 계약상의 행위이기에 그에 따른 법률관계가 성립하게 되었다. 의사가 계약상의 의무를 다하지 못하였을 경우 환자는 손해배상을 청구하거나 형사고소를 하는 것이 일반화되고 있다.

(3) 신기술·신기계·신약의 위험성[2]

최근 의료현장에서는 우수한 성능을 가진 고가의 의료장비나 신약이 이용되는 경우가 많다. 예컨대 진단 방법의 진보, 항생물질과 같이 광범위한 효과를 가진 신약의 개발 등 신기술, 신기계, 신약에 의한 의료행위가 의료현장에서 실시되고 있다. 그러나 이와 같은 신기술, 신기계, 신약에 의한 의료행위가 그 효용이 큰 반면에 예측 불가능한 위험도 내포하고 있어 언제든지 의료사고를 유발할 가능성이 있다.

(4) 의료인의 윤리의식 저하

의료행위에 있어 환자와 의사의 관계는 단순한 법률관계 이상의 긴밀한 신뢰에 바탕을 둔 인간적인 관계이다. 따라서 의료행위를 둘러싸고 발생하는 의사와 환자 사이의 권리와 의무는 법률상 '급부와 반대급부의 체계'라기보다 '인간에 대한 사랑과 봉사에서 일어나는 계산

---

2) 의료의 법률학(김민중, 2012)

불가능한 반대급부의 체계'로 보는 것이 맞다. 그러나 간혹 의료현장에서 금전욕과 명예욕에 사로잡혀 의료인으로서 윤리의식의 저하를 보여주는 행태가 발생하며, 이는 의료윤리의 불감증에 사로잡힌 일부 의료인의 행위를 통해 환자와 그 가족에게 불안과 불만을 가져다줄 수 있다.

(5) 신뢰관계의 상실

의료행위는 의사와 환자 간의 신뢰관계를 바탕에 두고 있다. 그러나 현대의 의료체계는 '왕진(往診)'과 같은 인간관계를 바탕으로 하는 전통적 의료형태는 사라지고 대형화, 분업화, 조직화의 상업적 성격을 갖게 되었다. 의료기관의 영리화는 전문화, 분업화와 더불어 의사의 봉사 정신을 약화하고 의사와 환자의 신뢰가 깨지게 되는 계기가 되었다.

(6) 의료인의 의료 법리에 대한 무지

이처럼 의사와 환자의 관계가 계약화됨으로써 의사는 법률상 의무를 부담하게 되었으나 대부분 의사들은 법적 의무에 대하여 충분히 이해하지 못한 상태에서 환자를 대하고 있으며 이러한 원인으로 의과대학 교육과정에 의사 법규 및 의료법은 마련되어 있으나 설명의무 등 각종 법적 의무와 의료과오 등 책임 법리에 대한 교육이 소홀하여 기본적인 법률 지식 없이 진료를 볼 수밖에 없다는 점을 지적하지 않을 수 없고, 법률 지식의 부족은 의료분쟁(사고)을 증가시키는 또 다른 요인이 되고 있다.

❹ 의료과실의 분류

의료과실은 의사가 의료행위를 행할 때, 업무상 주의의무를 소홀히 함으로써 환자의 신체와 생명권을 침해하고 상해와 사망 등의 피해를 주는 것으로, 이와 같은 과실은 형법상의 책임(업무상과실치사상죄), 민사상의 책임(불법행위, 채무불이행에 따른 손해배상 책임), 행정상의 책임(관계 법률에 의한 의사 면허 취소 등)의 대상이 된다.

최근 우리나라 법원에서는 사안의 개연성이나 설명의무 등을 통한 환자 측의 권리구제에 좀 더 적극적인 경향을 나타내고 있다. 대법원은 의료소송에 있어 의료행위가 의학적, 의술적으로 평가하여 잘못되었는지 여부에 대한 기술적 판단과 설명의무 위반의 유무를 따지고 있는데 후자의 책임을 적극적으로 인정하고 있다. 이를 형사와 민사소송으로 나누어 구분해 보면 형사 판결에 있어서는 전통적으로 엄격한 입증 책임 원칙하에 검사가 '합리적 의심이 없을 정도의 증명'을 하지 못한 경우에는 무죄를 선고하고 있으나, 민사소송에 있어서는 '입증 책임 경감 이론'을 적극 적용하여 과실과 인과관계의 범위를 넓혀 판단하고 있다.

이와는 별도로 현재 경찰의 의료사고 수사 실무 현장에서 확인되는 사례를 구분하여 살펴보면, 악의적 과실(a malicious error)과 만연한 방심(부주의)에 의한 과실(a careless mistake), 분업적 의료행위의 한계에 따른 과실 등으로 나눠 볼 수 있다.

(1) 악의적 과실(a malicious error)

'어떠한 행위가 악결과를 가져올 것이라는 점이 분명히 예견됨에도 금전적 사익 또는 업무상 편의를 위해 의료행위를 함으로써 환자의 생명과 신체에 치명적인 결과를 초래하는 경우'를 의미하며, 의원급 소규모 의료기관에서 주로 발생한다.

(2) 만연한 방심(부주의)에 의한 과실(a careless mistake)

어떠한 의료행위가 악결과를 가져올 것이라고 분명히 예견됨에도 부주의하거나 조심성 없는 행태 또는 그런 행태가 습관적, 반복적으로 이루어짐으로써 환자의 생명과 신체에 치명적인 결과를 초래하는 경우'를 의미하며, 상급병원 및 종합병원 등 비교적 대형 의료기관에서 주로 발생한다.

(3) 분업적 의료행위의 한계에 따른 과실

의료행위에 있어 상당수의 경우 다양한 의료 인력 간의 협업이 필요하다. 의사는 의료행위를 함에 있어서 각 진료과목마다 독자적인 영역을 가지고 있고 환자의 진료 과정에 다수의 의료관여자들이 참여하여 분업적으로 역할 분담을 하고 있다. 대학병원 등 상급 의료기관에서의 분업적 협동은 필수불가결하며 따라서 분업은 이미 하나의 규범적 원리로 자리 잡고 있으나, 분업에 참여한 의료 관여자들 간의 의사소통의 부재 또는 오인 등의 원인으로 사고가 발생하고 있다. 의료행위의 분업은 의료행위의 지휘 권한에 관한 수직적 분업[3]과 독립적 활동을 하는 의사들이 모여 상호 정보나 진료 활동에 대하여 신뢰하며 의료행위를 진행하는 수평적 분업[4]으로 나누어 볼 수 있다.

① 수직적 분업은 하위 의료인의 과실로 악결과가 발생하였을 경우, 상위 의료인에게도 업무상과실이 인정되며, 상위 의료인이 하위 의료인에게 위임해서는 안 되는 업무를 위임하였다면 그 자체로 상위 의료인에게 업무상과실의 책임을 물을 수 있다.

② 수평적 분업은 형법상 신뢰의 원칙에 따라 협의 진료 과정 중 다른 의료인을 신뢰한 것이 합리적이었다면 형사적 책임을 면하게 된다.

---

3) 의사가 의사에게 지시를 내리거나 의사가 간호 또는 보조 인력을 지휘하는 경우
4) 의료인들이 파트너십에 입각한 동등한 지위를 지니는 분업의 형태

부록2

의료사고 민원 대응

일러두기
부록2 〈의료사고 민원 대응〉은 『억울한 의료사고, 제대로 대처하는 법』
(2007, 출판사 다산초당, 한정우)의 내용을 많은 부분 참고하였습니다.

| 부록2 |

의료사고 민원 대응

의료사고는 의료행위의 특수성으로 인해 사고의 진실 여부를 가리기 어렵고, 의료사고를 해결하기 위한 제도와 기구가 마련되어 있으나 피해자와 보호자(유족)가 이를 이용하기가 쉽지 않아 일선 현장에서 의료사고와 관련된 문의나 민원이 접수되는 경우가 많다. 이를 위해 경찰관의 응대와 상담 방법에 대하여 살펴보았다.[5]

01 | 의료사고 후 피해자와 보호자, 유족의 마음가짐

우리나라는 법원이라는 국가권력을 통해 권리를 실현하여야 하며 자기 스스로의 힘을 통한 '자력구제'[6]를 원칙적으로 금지하고 있는데 특히 법을 위반하여 자력 구제를 하였을 경우 형법상 책임은 물론 민법상으로도 손해배상의 의무가 발생하기도 한다. 따라서 의료사고를

---

5) 억울한 의료사고, 제대로 대처하는 법(2007. 출판사 다산초당, 한정우)
6) 사인(私人)이 자기의 권리를 보호하거나 실현하기 위하여 국가의 힘을 빌리지 않고 실력을 행사하여 강제하는 것

접하게 된 피해자나 보호자 혹은 유족 모두 흥분하여 실수를 저지르지 않도록 이성적인 마음가짐을 가져야 할 필요가 있다. "의료진의 잘못이 분명하지만, 병원 측에서 합의는커녕 사과도 없다"라며 소란을 피우거나 폭력을 행사하는 방법으로 문제를 해결하려 한다면 오히려 불리한 상황에 부닥칠 수 있다.

02 | 의료진 면담

의료사고가 발생하게 되면 담당 의료진 스스로 자신의 과실을 인정하고 사과하는 경우도 있지만, 피해자 측의 해명 요구에도 초기의 진술이 과오를 인정하는 근거나 단서가 되지 않도록 면담을 거부하고 오히려 사실을 축소, 은폐하려고 하는 사례도 많다. 그러나 의료사고에 있어 해당 의료진을 만나 당시의 상황과 처치내용에 대한 설명을 듣는 것은 매우 중요하다. 의료행위에 대한 중요한 질문으로는 사고 발생 당시 및 전후 행하여진 검진과 시술과 수술, 투약 및 주사, 간호 등 일체의 의료행위가 누구의 지시로 누구에 의하여 어떤 방법으로 어떻게 이루어졌는지 세밀하게 질문한다.

이때 전문 의학 용어로 인해 이해가 어려우면 알아듣기 쉽도록 설명해 줄 것을 요구한다.

03 | 의무기록지 확보

 의무기록지는 환자의 상태와 치료 경과 등을 기록하는 것으로 다른 의료종사자들에게 그 정보를 제공함으로써 차후 진료의 자료로 활용하는 중요한 문서이며 환자의 치료 진행이 어떻게 이루어졌는지 살펴봄으로써 의료사고 발생 이후 그 행위의 적정성을 판단할 수 있는 자료로 의료과실 수사에 있어 중요한 단서이자 법원의 판단에도 큰 영향을 끼친다. 따라서 해당 의료진은 자신의 과실이 명백할 경우 이를 감추기 위해 기록을 변조하거나 삭제하려고 할 수 있다.

 의료사고가 발생하게 되면 피해자 또는 보호자(유족)가 해당 의료기관에 이를 요구하여 우선 확보해 두어야 한다.[7] 만약 의료진이 자신들의 과실을 감추기 위해 의무기록을 변조하거나 일부 삭제한 자료를 제출한다고 하더라도 수사를 통해 사실을 밝혀내고 오히려 '증거인멸'의 정황이 될 수도 있기에 사건 초기 의무기록을 제출받아 확보하는 것이 필요하다.

---

7) 의료법 제21조(기록 열람 등)
① 환자는 의료인, 의료기관의 장 및 의료기관 종사자에게 본인에 관한 기록(추가기재 · 수정된 경우 추가기재 · 수정된 기록 및 추가기재 · 수정 전의 원본을 모두 포함한다. 이하 같다)의 전부 또는 일부에 대하여 열람 또는 그 사본의 발급 등 내용의 확인을 요청할 수 있다. 이 경우 의료인, 의료기관의 장 및 의료기관 종사자는 정당한 사유가 없으면 이를 거부하여서는 아니 된다.

04 | 부검의 필요성

의료과실이 의심되는 변사사건에 있어 의료진의 과실을 밝히기 위한 방법 중 부검은 상당히 중요한 절차이다. 유족으로서는 부담이 가는 것이 사실이지만 국립과학수사연구원의 부검 결과는 단순한 사인뿐 아니라 사인에 이르게 된 의료적 소견과 설명이 포함되어 수사기관이 의료진의 과실을 찾아내고 입증하는데 활용되며 가장 신뢰할 수 있는 자료이다. 이는 의료진과 피해자 측 모두 상대방이 가진 의심을 차단하고 분쟁의 여지를 차단할 수 있는 방법이기도 하다. 더욱이 부검으로도 밝혀지거나 확인되지 않는 부분이 있다고 하더라도 수사에 있어서는 그 중요성을 간과할 수 없다는 사실을 알릴 필요가 있다. 유족은 부검 절차를 위해 관할 경찰서에 변사 신고를 하고, 경찰서에서는 담당 경찰관을 지정해 사건을 수사하며 관할 검찰청의 검사로부터 부검 지휘를 받아 국립과학수사연구원(또는 지정 의료기관)에서 부검을 진행한다. 부검 직후 담당 법의관의 가소견을 확인할 수 있으며 정밀 감정 이후 작성된 '부검감정서'가 담당 경찰관에게 보내진다. 부검감정서는 수사 기록으로 유족이 교부받을 수 없음을 알린다.

05 | 전원의 필요성

의료사고가 의심되며 환자가 중태에 빠졌다면 다른 병원으로 전원할 것을 생각해 보아야 한다. 의료진은 자신들의 과실 여부와 상관없이 환자의 원상회복 또는 자신의 과실을 감추기 위해 피해자가 진료 중이던 의료기관에 계속 머물도록 하는 경우가 있는데 이는 피해자 치료를 위한 골든 타임을 놓쳐 악결과 발생의 원인이 될 수 있으며, 의료진이 자신들의 과실을 감추기 위한 시간벌기 방법이 될 수도 있다. 전원을 생각할 때는 가능한 현재 진료를 받는 의료기관보다 관련 분야의 전문성이 있는 상급의 전문 병원을 선택할 필요가 있으며, 의료사고 관련 의료진이 소개해준 병원은 학연과 학회 등으로 연결된 경우가 있을 수 있어 기피해야 한다.

06 | 기록유지(메모와 녹음, 녹화)

대개의 피해자 혹은 보호자(유족)들은 입원이나 수술 초기 의료사고가 발생하기 전에는 혹시 모를 악결과에 대비하기 위해 사실관계를 기록해 둔다는 것에 대해 별다른 관심을 갖지 않다가 막상 사고가 발생하고 나면 의료진이 작성한 의무기록에 의심이 가더라도 이를 반증할 자료가 부족해 후회하게 되는 경우가 많다. 사고 이전의 상황을 기록하는 것이 어렵다면 사고 발생 직후부터라도 모든 내용을 메모하고 의료진과의 대화 내용 등을 녹음, 녹화하는 방법도 염두에 둘 필요가 있다.

07 | 기초 의학지식의 필요성

사고 발생 후 의료진이 피해자 또는 보호자(유족)에게 사고의 경위에 대해 의학 용어를 섞어서 설명하면 그 뜻과 내용을 이해하지 못하고 적절한 수술과 처치였는지에 대해서도 알 수가 없다. 따라서 해당 질환에 대한 기초적인 의학 용어와 관련된 증상 및 처치의 종류 등에 대해서는 미리 알아두는 것이 필요하다.

08 | 경찰 수사 의뢰

과거와 달리 의료사고에 대한 경찰 수사 역량이 괄목할 만큼 성장했다. 의료사고가 나 혹은 내 주변에서 발생한다면 우선 경찰의 도움을 받아보자. 일선 경찰서의 수사 능력에 기댈 수 없다면 각 시도 경찰청에 신설된 의료수사팀의 도움을 받아볼 수도 있다.

부록3

알아두면 쓸모있는
대법원 판례 모음

(2000년대 이후)

일러두기

부록3 〈알아두면 쓸모있는 대법원 판례 모음〉은 실제 대법원 판례 가운데 의료사고 피해자나 가족이 알아둬야 할 것들을 가려 뽑은 다음 어려운 법률 용어 등을 알기 쉽게 정리한 것이다. 판례는 2000년대 이후의 것들만 모았다.

1) 태반조기박리에 대한 제왕절개 수술 시 혈액 준비 하지 않은 사건

(대법원 2000. 01. 14 선고 99도3621 판결-업무상과실치사)

【판시사항】

산모의 태반조기박리에 대한 대응조치로서 응급 제왕절개 수술을 하는 산부인과 의사에게 수혈용 혈액을 미리 준비하여야 할 업무상 주의의무가 있다고 한 사례

【판결요지】

- 산부인과 의사가 산모의 태반조기박리에 대한 대응조치로서 응급 제왕절개 수술을 시행하기로 결정하였다면 이러한 경우 적어도 제왕절개 수술 시행 결정과 아울러 산모에게 수혈을 할 필요가 있을 것이라고 예상되는 특별한 사정이 있어 미리 혈액을 준비하여야 할 업무상 주의의무가 있다고 보아야 함

【참조조문】

형법 제268조

【원심판결】

서울지법 1999. 7. 28. 선고 98노5880 판결

2) 간호사가 의사 지시 없이 간호실습생에게 의사 처방에 의한 정맥주사를 실시하게 한 사건

(대법원 2003. 08. 19 선고 2001도3667 판결-업무상과실치사)

【판시사항】

의사가 간호사의 진료 보조행위에 일일이 입회하여 지도·감독하여야 하는지 여부(소극) 및 입회가 필요한 경우의 판단 기준

간호사가 의사의 처방에 의한 정맥주사(Side Injection 방식)를 의사의 입회 없이 간호실습생(간호학과 대학생)에게 실시하도록 하여 발생한 의료사고에 대한 의사의 과실을 부정한 사례

【판결요지】

- 간호사가 '진료의 보조'를 함에 있어서는 모든 행위 하나하나마다 항상 의사가 현장에 입회하여 일일이 지도·감독하여야 한다고 할 수는 없음

- 의사가 진료의 보조행위 현장에 입회할 필요 없이 일반적인 지도·감독을 하는 것으로 족한 경우도 있으며 환자 상태 및 간호사의 자질과 숙련도가 어느 정도인지 등 여러 사정을 참작하여 개별적으로 결정하여야 함

- 간호사가 의사의 처방에 의한 정맥주사(Side Injection 방식)를 의사의 입회 없이 간호실습생(간호학과 대학생)에게 실시하도록 하여 발생한 의료사고에 대한 의사의 과실을 부정함

【참조조문】

[1] 의료법 제2조 제1항, 제2항

[2] 형법 제268조

【원심판결】

부산지법 2001. 6. 12. 선고 2001노202 판결

3) 30대 중반의 산모가 제왕절개 후 폐색전증으로 사망한 사건

(대법원 2006. 10. 26 선고 2004도486 판결-업무상과실치사)

【판시사항】

의료과오사건에 의사의 과실을 인정하기 위한 요건 및 과실 유무의 판단 기준

30대 중반의 산모가 제왕절개 수술 후 폐색전증으로 사망한 사안에서, 담당 산부인과 의사에게 형법 제268조의 업무상과실이 없다고 본 사례

【판결요지】

- 의료과오사건에 있어서 의사의 과실을 인정하려면 결과 발생을 예견할 수 있고 또 회피할 수 있었음에도 이를 하지 못한 점을 인정할 수 있어야 하고, 위 과실의 유무를 판단함에는 같은 업무와 직무에 종사하는 일반적 보통인의 주의 정도를 표준으로 하여야 하며, 이때 사고 당시의 일반적인 의학의 수준과 의료 환경 및 조건, 의료행위의 특수성 등을 고려하여야 함

- 30대 중반의 산모가 제왕절개 수술 후 폐색전증으로 사망한 사안에서, 담당 산부인과 의사에게 형법 제268조의 업무상과실이 없다고 봄

【참조조문】

[1] 형법 제268조

[2] 형법 제268조

【원심판결】

대전지법 2004. 1. 8. 선고 2002노2035 판결

4) 태아가 역위로 조기분만 되어 사망한 사건

(대법원 2006. 12. 07 선고 2006도1790 판결-의료법위반 · 업무상과실치사)

【판시사항】

의료사고에 있어서 의사의 과실을 인정하기 위한 요건 및 그 판단 기준

산모의 태아가 역위로 조기분만 되면서 태아가 난산으로 인하여 분만 후 사망한 사안에서, 비록 조산 위험이 있기는 하였으나 산모에게 분만 진통이 있었다고 단정하기 어려워 그와 같은 상황에서 내진이나 초음파검사 없이 경과를 관찰하기로 한 산부인과 의사의 행위를 진료행위에 있어서 합리적인 재량의 범위를 벗어난 것이라고 보기 어려울 뿐만 아니라 일반적으로 산부인과 의사에게 요구되는 주의의무를 위반한 것이라고 보기는 어렵다고 한 사례

【판결요지】

- 의료과오사건에 있어서 의사의 과실을 인정하려면 결과 발생을 예견할 수 있고 또 회피할 수 있었음에도 이를 하지 못한 점을 인정할 수 있어야 하고, 위 과실의 유무를 판단함에는 같은 업무와 직무에 종사하는 일반적 보통인의 주의 정도를 표준으로 하여야 하며, 이때 사고 당시의 일반적인 의학의 수준과 의료 환경 및 조건, 의료행위의 특수성 등을 고려하여야 함

- 산모의 태아가 역위로 조기분만 되면서 태아가 난산으로 인하여 분만 후 사망한 사안에서, 비록 조산 위험이 있기는 하였으나 산모에게 분만 진통이 있었다고 단정하기 어려워 그와 같은 상황에서 내진이나 초음파검사 없이 경과를 관찰하기로 한 산부인과 의사의 행위를 진료행위에 있어서 합리적인 재량의 범위를 벗어난 것이라고 보기 어려울 뿐만 아니라 일반적으로 산부인과 의사에게 요구되는 주의의무를 위반한 것이라고 보기는 어렵다고 함

【참조조문】

[1] 형법 제268조

[2] 형법 제268조

【원심판결】

대구지법 2006. 2. 9. 선고 2005노2560 판결

5) 제왕절개 필요한 시기가 태아의 사망으로 보는 분만의 시기인지 여부 사건

(대법원 2007. 06. 29 선고 2005도3832 판결-업무상과실치상)

【판시사항】

태아가 사람으로 되는 시기

제왕절개 수술의 경우 '의학적으로 제왕절개 수술이 가능하였고 규범적으로 수술이 필요하였던 시기(時期)'를 분만의 시기(始期)로 볼 수 있는지 여부(소극)

태아를 사망에 이르게 하는 행위가 임산부에 대한 상해에 해당하는지 여부(소극)

【판결요지】

- 사람의 생명과 신체의 안전을 보호법익으로 하고 있는 형법의 해석으로는 규칙적인 진통을 동반하면서 분만이 개시된 때(소위 진통설 또는 분만개시설)가 사람의 시기라고 봄이 타당함

- 제왕절개 수술의 경우 '의학적으로 제왕절개 수술이 가능하였고 규범적으로 수술이 필요하였던 시기'는 판단하는 사람 및 상황에 따라 다를 수 있어, 분만개시 시점 즉, 사람의 시기도

불명확하게 되므로 이 시점을 분만의 시기로 볼 수는 없음

- 형법은 태아를 임산부 신체의 일부로 보거나, 낙태 행위가 임산부의 태아 양육, 출산 기능의 침해라는 측면에서 낙태죄와는 별개로 임

산부에 대한 상해죄를 구성하는 것으로 보지는 않는다고 해석되며 따라서 태아를 사망에 이르게 하는 행위가 임산부 신체의 일부를 훼손하는 것이라거나 태아의 사망으로 인하여 그 태아를 양육, 출산하는 임산부의 생리적 기능이 침해되어 임산부에 대한 상해가 된다고 볼 수는 없다.

【참조조문】

[1] 형법 제268조

[2] 형법 제268조

[3] 형법 제268조, 형법 제257조

【원심판결】

서울중앙지법 2005. 5. 12. 선고 2004노1677 판결

6) 간호사가 환자의 심근경색 증상을 의사에게 제대로 보고하지 않은 사건

(대법원 2007. 09. 20 선고 2006도294 판결–의료법위반 · 업무상과실치사)

【판시사항】

의료사고에 대한 의료종사자의 과실을 인정하기 위한 요건과 판단 기준

야간 당직 간호사가 담당 환자의 심근경색 증상을 당직 의사에게 제대로 보고하지 않음으로써 당직 의사가 필요한 조치를 취하지 못한

채 환자가 사망한 경우, 병원의 야간 당직 운영 체계상 당직 간호사에게 환자의 사망을 예견하거나 회피하지 못한 업무상과실이 있고, 당직 의사에게는 업무상과실을 인정하기 어렵다고 한 사례

【판결요지】

- 의료과오사건에 있어서 의사의 과실을 인정하려면 결과 발생을 예견할 수 있고 또 회피할 수 있었음에도 이를 하지 못한 점을 인정할 수 있어야 하고, 위 과실의 유무를 판단함에는 같은 업무와 직무에 종사하는 일반적 보통인의 주의 정도를 표준으로 하여야 하며, 이때 사고 당시의 일반적인 의학의 수준과 의료 환경 및 조건, 의료행위의 특수성 등을 고려하여야 함

- 야간 당직 간호사가 담당 환자의 심근경색 증상을 당직 의사에게 제대로 보고하지 않음으로써 당직 의사가 필요한 조치를 취하지 못한 채 환자가 사망한 경우, 병원의 야간 당직 운영 체계상 당직 간호사에게 환자의 사망을 예견하거나 회피하지 못한 업무상과실이 있고, 당직 의사에게는 업무상과실을 인정하기 어렵다고 함

【참조조문】

[1] 형법 제268조
[2] 형법 제268조

【원심판결】

부산지법 2005. 12. 21. 선고 2004노3757 판결

7) 산후조리원 신생아 잦은 설사에 대해 의사 진찰받지 않은 사건

(대법원 2007.11.16 선고 2005도1796 판결–업무상과실치사)

【판시사항】

산후조리원에서 신생아 집단관리를 책임지는 사람의 업무상 주의의무

산후조리원에 입소한 신생아가 계속하여 잦은 설사 등의 이상증세를 보임에도 불구하고, 산후조리원의 신생아 집단관리를 맡은 책임자가 의사 등의 진찰을 받도록 하지 않아 신생아가 사망한 사안에서, 위 집단관리 책임자에게 업무상 과실치사의 죄책을 인정한 사례

【판결요지】

- 산후조리원의 주된 업무는 산모가 산후조리에 집중할 수 있도록 도와주는 것이고, 산모와 신생아의 집단관리는 산후조리 서비스 제공에 필연적으로 부수되는 업무로서 그 자체가 치료행위는 아님. 하지만 면역력이 취약하여 다른 사람과 접촉이 바람직하지 아니한 신생아를 집단으로 수용하여 관리함으로써 질병의 감염으로 인한 생명·신체에 대한 위해 가능성이 높아지는 특성상 보건 분야업무로서의 성격을 갖고 있으므로 일반인에 의해 제공되는 산후조리 업무와는 달리 신생아의 집단관리 업무를 책임지는 사람으로서는 신생아의 건강관리나 이상 증상에 관하여 일반인보다 높은 수준의 지식을 갖추어 신생아를 위생적으로 관리하고 건강 상태를 면밀히 살펴 이상증세가 보

이면 의사나 한의사 등 전문가에게 진료를 받도록 하는 등 적절한 조치를 취하여야 할 업무상 주의의무가 있음

- 산후조리원에 입소한 신생아가 출생 후 10일 이상이 경과 하도록 계속하여 수유량 및 체중이 지나치게 감소하고 잦은 설사 등의 이상 증세를 보임에도 불구하고, 산후조리원의 신생아 집단관리를 맡은 책임자가 의사나 한의사 등의 진찰을 받도록 하지 않아 신생아가 탈수 내지 괴사성 장염으로 사망한 사안에서 위 집단관리 책임자가 산모에게 신생아의 이상증세를 즉시 알리고 적절한 조치를 구하여 산모의 지시를 따른 것만으로는 업무상 주의의무를 다하였다고 볼 수 없다며 신생아 사망에 대한 업무상 과실치사의 죄책을 인정함

【참조조문】

[1] 형법 제268조

[2] 형법 제268조

【원심판결】

수원지법 2005. 2. 18. 선고 2004노2730 판결

8) 5세 백혈병 환자 주삿바늘로 우측 쇄골하 부위 10여 차례 찌른 사건

(대법원 2008. 08. 11 선고 2008도3090 판결-업무상과실치사)

【판시사항】

의료과오사건에서 의사의 과실을 인정하기 위한 요건 및 그 판단 기준

진료 방법의 선택에서 의사가 가지는 재량의 범위 및 그에 관한 과실 유무의 판단 기준

소아외과 의사가 5세의 급성 림프구성 백혈병 환자의 항암치료를 위하여 쇄골하 정맥에 중심정맥도관을 삽입하는 수술을 하는 과정에서 환자의 우측 쇄골하 부위를 주사바늘로 10여 차례 찔러 환자가 우측 쇄골하 혈관 및 흉막 관통상에 기인한 외상성 혈흉으로 인한 순환혈액량 감소성 쇼크로 사망한 사안에서, 담당 소아외과 의사에게 형법 제268조의 업무상과실이 없다고 본 사례

【판결요지】

- 의료과오사건에 있어서 의사의 과실을 인정하려면 결과 발생을 예견할 수 있고 또 회피할 수 있었음에도 이를 하지 못한 점을 인정할 수 있어야 하고, 위 과실의 유무를 판단함에는 같은 업무와 직무에 종사하는 일반적 보통인의 주의 정도를 표준으로 하여야 하며, 이때 사고 당시의 일반적인 의학의 수준과 의료 환경 및 조건, 의료행위의 특

수성 등을 고려하여야 함

- 의사는 진료를 행함에 있어 환자의 상황과 당시의 의료수준 그리고 자기의 지식 경험에 따라 적절하다고 판단되는 진료 방법을 선택할 상당한 범위의 재량을 가진다고 할 것이고, 그것이 합리적인 경우 과실이 있다고 말할 수는 없음

- 소아외과 의사가 5세의 급성 림프구성 백혈병 환자의 항암치료를 위하여 쇄골하 정맥에 중심정맥도관을 삽입하는 수술을 하는 과정에서 환자의 우측 쇄골하 부위를 주사바늘로 10여 차례 찔러 환자가 우측 쇄골하 혈관 및 흉막 관통상에 기인한 외상성 혈흉으로 인한 순환 혈액량 감소성 쇼크로 사망한 사안에서, 담당 소아외과 의사에게 형법 제268조의 업무상과실이 없다고 봄

【참조조문】

[1] 형법 제268조

[2] 형법 제268조

[3] 형법 제268조

【원심판결】

대구지법 2008. 4. 3. 선고 2007노2848 판결

9) 간호사가 의사만이 할 수 있는 의료행위를 한 사건

(대법원 2010. 03. 25 선고 2008도590 판결-업무상과실치사·의료법위반)

【판시사항】

[1] 의료사고에서 의료인의 과실을 인정하기 위한 요건 및 그 판단기준

[2] 간호사가 의사의 지시나 위임을 받아 '의사만이 할 수 있는 의료행위'를 한 경우, 무면허 의료행위에 해당하는지 여부(적극)

[3] 마취 전문간호사가 의사의 구체적 지시 없이 독자적으로 마취약제와 사용량을 결정하여 피해자에게 척수 마취시술을 한 경우, 구 의료법상의 무면허 의료행위에 해당한다고 한 사례

【판결요지】

- 의료과오사건에 있어서 의사의 과실을 인정하려면 결과 발생을 예견할 수 있고 또 회피할 수 있었음에도 이를 하지 못한 점을 인정할 수 있어야 하고, 위 과실의 유무를 판단함에는 같은 업무와 직무에 종사하는 일반적 보통인의 주의 정도를 표준으로 하여야 하며, 이때 사고 당시의 일반적인 의학의 수준과 의료 환경 및 조건, 의료행위의 특수성 등을 고려하여야 함

- 의사가 간호사에게 진료의 보조행위를 하도록 지시하거나 위임할 수는 있으나, 고도의 지식과 기술을 요하여 반드시 의사만이 할 수 있는 의료행위 자체를 하도록 지시하거나 위임하는 것은 허용될 수 없

으므로, 간호사가 의사의 지시나 위임을 받고 그와 같은 행위를 하였다고 하더라도 무면허 의료행위에 해당함

- 마취 전문간호사가 의사의 구체적 지시 없이 독자적으로 마취 약제와 사용량을 결정하여 피해자에게 척수 마취시술을 한 경우, 구 의료법상의 무면허 의료행위에 해당함

【참조조문】

[1] 형법 제268조

[2] 구 의료법(2007. 4. 11. 법률 제8366호로 전부 개정되기 전의 것) 제2조 제2항, 제25조

제1항(현행 제27조 제1항 참조), 제66조 제3호(현행 제87조 제1항 제2호 참조)

[3] 구 의료법(2007. 4. 11. 법률 제8366호로 전부 개정되기 전의 것) 제2조 제2항, 제25조

제1항(현행 제27조 제1항 참조), 제66조 제3호(현행 제87조 제1항 제2호 참조)

【원심판결】

인천지법 2008. 1. 10. 선고 2006노1326 판결

10) 제왕절개 수술 중 태반조기박리 발견으로 인한 대량출혈과 전원 지체 사건

(대법원 2010. 04. 29 선고 2009도7070 판결-업무상과실치사)

【판시사항】

· 피고인이 제왕절개수술을 시행 중 태반조기박리를 발견하고도 피해자의 출혈 여부 관찰을 간호사에게 지시하였다가 수술 후 약 45분이 지나 대량출혈을 확인하고 전원(轉院) 조치하였으나 그 후 피해자가 사망한 사안에서, 피고인에게 대량출혈 증상을 조기에 발견하지 못하고, 전원을 지체하여 피해자로 하여금 신속한 수혈 등의 조치를 받지 못하게 한 과실이 있다고 한 사례

· 응급환자를 전원(轉院)하는 의사가 전원받는 병원 의료진에게 제공할 설명의무의 범위

피고인이 전원받는 병원 의료진에게 피해자가 고혈압환자이고 제왕절개수술 후 대량출혈이 있었던 사정을 설명하지 않은 사안에서, 피고인에게 전원 과정에서 피해자의 상태 및 응급조치의 긴급성에 관하여 충분히 설명하지 않은 과실이 있다고 한 사례

· 피고인이 제왕절개수술 후 대량출혈이 있었던 피해자를 전원(轉院) 조치하였으나 전원받는 병원 의료진의 조치가 다소 미흡하여 도착 후 약 1시간 20분이 지나 수혈이 시작된 사안에서, 피고인의 전원 지체 등의 과실로 신속한 수혈 등의 조치가 지연된 이상 피해자의 사망과

피고인의 과실 사이에 인과관계가 인정된다고 한 사례

【판결요지】

- 피고인이 제왕절개수술을 시행 중 태반조기박리를 발견하고도 피해자의 출혈 여부 관찰을 간호사에게 지시하였다가 수술 후 약 45분이 지나 대량출혈을 확인하고 전원(전원) 조치하였으나 그 후 피해자가 사망한 사안에서 피고인에게 대량출혈 증상을 조기에 발견하지 못하고, 전원을 지체하여 피해자로 하여금 신속한 수혈 등의 조치를 받지 못하게 한 과실이 있음

- 응급환자를 전원하는 의사는 전원받는 병원 의료진이 적시에 응급처치를 할 수 있도록 합리적인 범위 내에서 환자의 주요 증상 및 징후, 시행한 검사의 결과 및 기초진단명, 시행한 응급처치의 내용 및 응급처치 전후의 환자 상태, 전원의 이유, 필요한 응급검사 및 응급처치, 긴급성의 정도 등 응급환자의 진료에 필요한 정보를 전원받는 병원 의료진에게 제공할 의무가 있음

- 피고인이 전원받는 병원 의료진에게 피해자가 고혈압환자이고 제왕절개수술 후 대량출혈이 있었던 사정을 설명하지 않은 사안에서 피고인에게 전원 과정에서 피해자의 상태 및 응급조치의 긴급성에 관하여 충분히 설명하지 않은 과실이 있음

- 피고인이 제왕절개수술 후 대량출혈이 있었던 피해자를 전원(전원) 조치하였으나 전원받는 병원 의료진의 조치가 다소 미흡하여 도착 후

약 1시간 20분이 지나 수혈이 시작된 사안에서, 피고인의 전원지체 등의 과실로 신속한 수혈 등의 조치가 지연된 이상 피해자의 사망과 피고인의 과실 사이에 인과관계가 인정됨

【참조조문】

[1] 형법 제268조

[2] 형법 제268조

[3] 형법 제268조

[4] 형법 제17조, 제268조

【원심판결】

인천지법 2009. 7. 3. 선고 2008노2736 판결

11) 간호사가 의사의 활력징후 측정 지시에 따르지 않은 사건

(대법원 2010. 10. 28 선고 2008도8606 판결-업무상과실치사)

【판시사항】

간호사가 의사의 진료를 보조할 경우 의사의 지시에 따를 의무가 있는지 여부(원칙적 적극)

간호사 갑, 을이 수술 직후의 환자에 대한 진료를 보조하면서 1시간 간격으로 4회 활력징후를 측정하라는 담당 의사의 지시에 따르지 아니하였고 그 후 위 환자가 과다출혈로 사망한 사안에서, 갑과 을에게 업무상과실이 있다고 한 사례

【판결요지】

- 구 의료법(2007. 4. 11. 법률 제8366호로 전부 개정되기 전의 것)은 제2조에서 의사는 의료에 종사하고, 간호사는 간호 또는 진료의 보조 등에 종사한다고 규정하고 있으므로, 간호사가 의사의 진료를 보조할 경우에는 특별한 사정이 없는 한 의사의 지시에 따라 진료를 보조할 의무가 있음

- 담당 의사가 췌장 종양 제거 수술 직후의 환자에 대하여 1시간 간격으로 4회 활력징후를 측정하라고 지시를 하였는데, 일반병실에 근무하는 간호사 갑이 중환자실이 아닌 일반병실에서는 그러할 필요가 없다고 생각하여 2회만 측정한 채 3회차 이후 활력징후를 측정하지 않았고, 갑과 근무 교대한 간호사 을 역시 자신의 근무시간 내 4회차 측정시각까지 활력징후를 측정하지 아니하였으며, 위 환자는 그 시각으로부터 약 10분 후 심폐정지상태에 빠졌다가 이후 약 3시간이 지나 과다출혈로 사망한 사안에서, 1시간 간격으로 활력징후를 측정하였더라면 출혈을 조기에 발견하여 수혈, 수술 등 치료를 받고 환자가 사망하지 않았을 가능성이 충분하다고 보일 뿐 아니라, 갑과 을은 의사의 위 지시를 수행할 의무가 있음에도 3회차 측정시각 이후 4회차 측정시각까지 활력징후를 측정하지 아니한 업무상과실이 있음

【참조조문】

[1] 구 의료법(2007. 4. 11. 법률 제8366호로 전부 개정되기 전의 것) 제2조

[2] 형법 제17조, 제30조, 제268조, 구 의료법(2007. 4. 11. 법률 제8366호로

전부 개정되기 전의 것) 제2조

【원심판결】

서울중앙지법 2008. 9. 3. 선고 2007노1686 판결

12) 구급차에 태워 이송하던 중 산소통 잔량 체크하지 않은 사건

(대법원 2011. 09. 08 선고 2009도13959 판결-업무상과실치사)

【판시사항】

의료사고에서 의료종사자의 과실을 인정하기 위한 요건과 판단 기준

병원 인턴인 피고인이, 응급실로 이송되어 온 익수환자 갑을 담당 의사의 지시에 따라 구급차에 태워 다른 병원으로 이송하던 중 산소통의 산소 잔량을 체크하지 않은 과실로 산소 공급이 중단된 결과 갑을 폐부종 등으로 사망에 이르게 하였다는 내용으로 기소된 사안에서, 피고인에게 업무상과실치사죄를 인정한 원심판단에 법리 오해 또는 심리미진의 위법이 있다고 한 사례

【판결요지】

- 의료사고에서 의료종사자의 과실을 인정하기 위해서는 의료종사자가 결과 발생을 예견할 수 있고 또 회피할 수 있었는데도 이를 예견하거나 회피하지 못한 과실이 인정되어야 하고, 그러한 과실 유무를 판단할 때에는 같은 업무와 직무에 종사하는 보통인의 주의 정도를 표준으로 하여야 하며, 이에는 사고 당시의 일반적인 의학 수준과 의

료 환경 및 조건, 의료행위의 특수성 등이 고려되어야 함

- 병원 인턴인 피고인이, 응급실로 이송되어 온 익수환자 갑을 담당 의사 을의 지시에 따라 구급차에 태워 다른 병원으로 이송하던 중 산소통의 산소 잔량을 체크하지 않은 과실로 산소 공급이 중단된 결과 갑을 폐부종 등으로 사망에 이르게 하였음

- 을에게서 이송 도중 갑에 대한 앰부 배깅(ambu bagging)과 진정제 투여 업무만을 지시받은 피고인에게 일반적으로 구급차 탑승 전 또는 이송 도중 구급차에 비치되어 있는 산소통의 산소 잔량을 확인할 주의의무가 있다고 보기는 어렵고, 산소 잔량을 확인할 주의의무가 있음을 전제로 업무상과실치사죄를 인정할 수 없음

【참조조문】

[1] 형법 제268조

[2] 형법 제268조

【원심판결】

대구지법 2009. 11. 25. 선고 2009노3100 판결

13) 환자의 명시적인 수혈 거부에 따른 의사의 진료행위 사건

(대법원 2014. 06 .26 선고 2009도14407 판결-업무상과실치사)

【판시사항】

· 환자의 명시적인 수혈 거부 의사가 존재하여 수혈하지 아니함을 전

제로 환자의 승낙(동의)을 받아 수술하였는데 수술 과정에서 수혈을 하지 않으면 생명에 위험이 발생할 수 있는 응급상태에 이른 경우, 의사가 진료행위 시 고려하여야 할 사항 및 수혈을 거부하는 환자의 자기결정권이 생명과 대등한 가치가 있다고 평가될 것인지 판단하는 기준

・수혈 거부에 관한 환자의 자기결정권 행사가 유효하기 위한 전제 요건

・환자의 자기결정권 행사에 따라 수혈하지 않는 방식으로 수술하는 경우, 의사에게 요구되는 주의의무

【판결요지】

- 환자의 자기결정권 행사가 의사의 일반적인 의무, 즉 국가의 생명권 보호의무에 기초를 두고 있는 환자의 생명을 구할 의무 등과 직접 충돌하는 상황이 발생할 경우에는 원칙적으로 자기결정권의 행사를 의사의 의무보다 우위에 두어야 한다는 것은 적절하다고 할 수 없음

- 그러나 피고인의 무수혈 방식의 수술 및 그 위험성에 관한 수술 전의 설명 내용, 망인의 나이, 가족관계, 망인이 이 사건 수술에 이르게 된 경위, 망인이 타가수혈 거부라는 자기결정권을 행사하게 된 배경, 수혈 거부에 대한 망인의 확고한 종교적 신념, 책임면제각서를 통한 망인의 진지한 의사결정, 수술 도중 타가수혈이 필요한 상황에서 가족 등의 의사 재확인 등에 관한 사정들을 종합적으로 고려하여 보면 이 사건에서는 망인의 생명과 자기결정권을 비교 형량하기 어려운 특

별한 사정이 있으므로 타가수혈하지 아니한 사정만을 가지고 피고인이 의사로서 진료상의 주의의무를 다하지 아니하였다고 할 수 없음

- 따라서 피고인이 자신의 직업적 양심에 따라 망인의 자기결정권을 존중하여 망인에게 타가수혈하지 아니하고 이 사건 인공고관절 수술을 시행한 행위에 대하여 업무상과실치사에 관한 범죄의 증명이 없는 경우에 해당함

【참조조문】

헌법 제10조, 제12조, 형법 제24조, 제268조, 응급의료에 관한 법률 제6조, 제9조

【원심판결】

광주지법 2009. 12. 2. 선고 2009노1622 판결

14) 태반검사에서 육편을 떼어 낸 사건

(대법원 1974. 04. 23 선고 74도714 판결-업무상과실치상)

【판시사항】

의사가 임부의 태반에서 검사용으로 육편을 떼어 낸 행위가 상해행위가 되는지 여부

【판결요지】

- 의사가 정상적인 진찰행위의 일환으로서 검사용으로 임부의 태반에서 육편을 떼어 냈다고 하여 이것이 태반 기타 모체에 지장을 주는

것이 아닌 한 상해행위에 속하는 것이라고 볼 수 없음

【참조조문】

형법 제257조

【원심판결】

부산지방법원 1974. 1. 18. 선고 73노1188 판결

15) 태반 일부를 떼어 낸 사건

(대법원 1976.06.08 선고 76도144 판결-업무상과실치상)

【판시사항】

태반의 일부를 떼어 낸 의사의 진찰행위가 형법 제20조 소정의 정당행위에 해당되는지 여부

【판결요지】

- 피고인이 태반의 일부를 떼어 낸 행위는 그 의도, 수단, 절단 부위 및 그 정도 등에 비추어 볼 때 의사로서의 정상적인 진찰행위의 일환이라고 볼 수 있으므로 형법 제20조 소정의 정당행위에 해당함

【참조조문】

형법 제20조

【원심판결】

부산지방법원 1975. 11. 12. 선고 74노1459 판결

16) 인공분만기 '샥숀' 사용으로 인한 상해 사건

(대법원 1978. 11. 14 선고 78도2388 판결-업무상과실치상)

【판시사항】

의료행위가 정당 업무 범위를 넘은 위법행위가 아니라고 한 사례

【판결요지】

- 의사가 인공분만기인 '샥숀'을 사용하면 통상 약간의 상해 정도가 있을 수 있으므로 그 상해가 있다 하여 '샥숀'을 거칠고 험하게 사용한 결과라고는 보기 어려워 의사의 정당 업무의 범위를 넘은 위법행위라고 할 수 없음

【참조조문】

형법 제20조

【원심판결】

청주지방법원 1978. 8. 25. 선고 77노994 판결

17) 조산원의 임무 범위 사건

(대법원 1988. 09. 20 선고 86도1694 판결-업무상과실치상, 의료법위반)

【판시사항】

조산원의 임무 범위

【판결요지】

- 의료법 제2조 제2항 제4호에 의하면 조산원은 정상 분만하는 경우

에 분만에 조력하는 행위와 임부 · 해산부 · 산욕부 · 신생아에 대한 보건과 양호지도만을 그 임무로 하는 것으로서 이상분만으로 인하여 해산부와 신생아에게 이상 현상이 생겼을 때에 그 원인을 진단하고 이에 대처하는 조치를 강구하는 것은 의료행위를 임무로 하는 산부인과 의사 등 타종의료인의 임무 범위에 속한다고 해석함

【참조조문】

의료법 제2조 제2항 제4호

【원심판결】

춘천지방법원 1986. 7. 16. 선고 86노80 판결

18) 환자를 즉시 종합병원으로 옮기지 않은 사건

(대법원 1989. 11. 14 선고 89도1568 판결-업무상과실치상)

【판시사항】

환자를 즉시 종합병원으로 옮기지 아니한 개업의와 의료상의 처치과오 유무

【판결요지】

- 일반외과 전문의인 피고인이 피해자의 증상을 통상의 혈행장애로 판단하고 그에 상응한 치료를 한 것에 잘못이 없는 경우에는 즉시 환자를 종합병원에 넘기지 않았다 하여 그것만으로 의료상의 처치과정에 잘못이 있다고 할 수 없음

【참조조문】

형법 제268조, 민법 제750조

【원심판결】

청주지방법원 1989. 5. 4. 선고 88노457 판결

19) 마취제 에폰톨 주사할 때 주의의무를 지키지 않은 사건

(대법원 1990.05.22 선고 90도579 판결–업무상과실치상)

【판시사항】

정맥에 주사하다가 근육에 새면 조직괴사 등의 부작용을 일으킬 수 있는 마취제 에폰톨을 주사함에 있어서의 의사의 주의의무(적극)

【판결요지】

- 주사약인 에폰톨을 3, 4분 정도의 단시간형 마취에 흔히 이용되는 마취제로서 점액성이 강한 유액 성분이어서 반드시 정맥에 주사하여야 하며, 정맥에 투여하다가 근육에 새면 유액 성분으로 인하여 조직괴사, 일시적인 혈관 수축 등의 부작용을 일으킬 수 있음

- 위와 같은 마취제를 정맥주사할 경우 의사로서는 스스로 주사를 놓든가 부득이 간호사나 간호조무사에게 주사케 하는 경우에도 주사할 위치와 방법 등에 관한 적절하고 상세한 지시를 함과 함께 스스로 그 장소에 입회하여 주사 시행 과정에서의 환자의 징후 등을 계속 주시하면서 주사가 잘못 없이 끝나도록 조치하여야 할 주의의무가 있음

- 위와 같은 마취제의 정맥주사 방법으로서는 수액세트에 주사침을 연결하여 정맥 내에 위치하게 하고 수액을 공급하면서 주사제를 기존의 수액세트를 통하여 주사하는 이른바 사이드 인젝션(Side Injection)방법이 직접 주사 방법 보다 안전하고 일반적인 것이라 할 것임

- 산부인과 의사인 피고인이 피해자에 대한 임신중절 수술을 시행하기 위하여 마취 주사를 시주함에 있어 피고인이 직접 주사하지 아니하고, 만연히 간호조무사로 하여금 직접 방법에 의하여 에폰톨 500밀리그램이 함유된 마취 주사를 피해자의 우측 팔에 놓게 하여 피해자에게 상해를 입혔다면 이에는 의사로서의 주의의무를 다하지 아니한 과실이 있다고 할 것임

【참조조문】

형법 제268조

【원심판결】

서울형사지방법원 1990. 2. 8. 선고 89노4418 판결

20) 연탄가스 중독환자에게 요양방법을 설명하지 않아 환자가 재차 중독되어 사망한 사건

(대법원 1991. 02. 12 선고 90도2547 판결-업무상과실치상)

【판시사항】

연탄가스 중독환자가 퇴원 시 자신의 병명을 물었으나 환자를 그

병명으로 진단, 치료한 의사가 아무런 요양 방법을 지도하여 주지 아니하여 병명을 알지 못한 환자가 퇴원 즉시 처음 사고 난 방에서 다시 자다가 재차 연탄가스에 중독된 경우 의사의 업무상과실 유무(적극) 및 그 과실과 재차의 연탄가스 중독과의 인과관계 유무(적극)

【판결요지】

- 자기 집 안방에서 취침하다가 일산화탄소(연탄가스) 중독으로 병원 응급실에 후송되어 온 환자를 진단하여 일산화탄소 중독으로 판명하고 치료한 담당 의사에게 회복된 환자가 이튿날 퇴원할 당시 자신의 병명을 문의하였는데도 의사가 아무런 요양 방법을 지도하여 주지 아니함

- 환자가 일산화탄소에 중독되었던 사실을 모르고 퇴원 즉시 사고 난 자기 집 안방에서 다시 취침하다 전신 피부파열 등 일산화탄소 중독을 입은 것이라면, 위 의사에게는 그 원인 사실을 모르고 병명을 문의하는 환자에게 그 병명을 알려주고 이에 대한 주의사항인 피해장소인 방의 수선이나 환자에 대한 요양의 방법 기타 건강관리에 필요한 사항을 지도하여 줄 요양 방법의 지도 의무가 있는 것이므로 이를 태만한 것으로서 의사로서의 업무상과실이 있고, 이 과실과 재차의 일산화탄소 중독과의 사이에 인과관계가 있음

【참조조문】

의료법 제22조, 형법 제268조, 형법 제17조

【원심판결】

육군고등군사법원 1990. 8. 30. 선고 90노126 판결

21) 자궁적출행위 승낙이 의사의 부정확 또는 불충분한 설명에 의한 것인 사건

(대법원 1993. 07. 27 선고 92도2345 판결-업무상과실치상)

【판시사항】

수술승낙이 의사의 부정확 또는 불충분한 설명에 의한 것인 경우의 효력

난소의 제거로 임신 불능인 상태에 있어서의 자궁적출행위가 업무상 과실치상죄 소정의 상해에 해당하는지 여부

【판결요지】

- 산부인과 전문의 수련 과정 2년 차인 의사가 자신의 시진, 촉진 결과 등을 과신한 나머지 초음파검사 등 피해자의 병증이 자궁외임신인지, 자궁근종인지를 판별하기 위한 정밀한 진단 방법을 실시하지 아니한 채 피해자의 병명을 자궁근종으로 오진하고, 이에 근거하여 의학에 대한 전문 지식이 없는 피해자에게 자궁적출술의 불가피성만을 강조하였을 뿐 위와 같은 진단상의 과오가 없었으면 당연히 설명받았을 자궁 외 임신에 관한 내용을 설명받지 못한 피해자로부터 수술승낙을 받았다면 위 승낙은 부정확 또는 불충분한 설명을 근거로 이루어진 것으

로서 수술의 위법성을 조각할 유효한 승낙이라고 볼 수 없음

- 난소의 제거로 이미 임신 불능 상태에 있는 피해자의 자궁을 적출했다 하더라도 그 경우 자궁을 제거한 것이 신체의 완전성을 해한 것이 아니라거나 생활기능에 아무런 장애를 주는 것이 아니라거나 건강상태를 불량하게 변경한 것이 아니라고 할 수 없고, 이는 업무상과실치상죄에 있어서의 상해에 해당함

【참조조문】

형법 제24조, 형법 제268조

【원심판결】

광주지방법원 1992. 8. 21. 선고 91노1112 판결

22) 갑상선아전절제술 등 수술 후 담당 간호사가 주치의의 활력 체크 지시를 제대로 이행하지 않아 뇌기능 손상으로 식물인간이 된 사건

(대법원 1994. 12. 22 선고 93도3030 판결-업무상과실치상)

【판시사항】

갑상선아전절제술 및 전경부임파절청소술을 받은 환자가 기도부종으로 인한 호흡 장애로 뇌기능 부분 손상 상태(식물인간 상태)에 이르게 된 경우, 환자의 호흡곤란을 알고도 00:30경부터 09:00경까지 환자의 상태를 확인하지 아니한 주치의 겸 당직 의사와 그의 활력 체크 지시를 제대로 이행하지 아니하고 의사를 불러달라는 환자 보호자의 요청

을 듣지 아니한 담당 간호사들을 업무상과실치상죄로 처단한 사례

【판결요지】

- 갑상선아전절제술 및 전경부임파절청소술을 받은 환자가 기도부종으로 인한 호흡 장애로 뇌기능 부분 손상 상태(식물인간 상태)에 이르게 된 경우, 환자의 호흡곤란을 알고도 00:30경부터 09:00경까지 환자의 상태를 확인하지 아니한 주치의 겸 당직 의사와 그의 활력 체크 지시를 제대로 이행하지 아니하고 의사를 불러달라는 환자 보호자의 요청을 듣지 아니한 담당 간호사들을 업무상과실치상죄로 처단함

【참조조문】

형법 제268조

【원심판결】

서울형사지방법원 1993. 10. 12. 선고 93노459 판결

23) 마취환자의 마취회복업무를 담당한 의사가 주의의무를 다하지 않은 사건

(대법원 1994. 04. 26 선고 92도3283 판결 - 업무상과실치상)

【판시사항】

마취환자의 마취회복업무를 담당한 의사의 주의의무

간호사가 감시업무를 인계받지 않은 회복실 내의 모든 환자에 대하여 주시, 점검할 의무가 있는지 여부

【판결요지】

- 마취환자의 마취회복업무를 담당한 의사로서는 마취환자가 수술 도중 특별한 이상이 있었는지를 확인하여 특별한 이상이 있었던 경우에는 보통 환자보다 더욱 감시를 철저히 하고, 또한 마취환자가 의식이 회복되기 전에는 호흡이 정지될 가능성이 적지 않으므로 피해자의 의식이 완전히 회복될 때까지 주위에서 관찰하거나 적어도 환자를 떠날 때는 피해자를 담당하는 간호사를 특정하여 그로 하여금 환자의 상태를 계속 주시하도록 하여 만일 이상이 발생한 경우에는 즉시 응급조치가 가능하도록 할 의무가 있음

- 피해자를 감시하도록 업무를 인계받지 않은 간호사가 자기 환자의 회복 처치에 전념하고 있었다면 회복실에 다른 간호사가 남아있지 않은 경우에도 다른 환자의 이상증세가 인식될 수 있는 상황에서라야 이에 대한 조치를 할 의무가 있다고 보일 뿐 회복실 내의 모든 환자에 대하여 적극적, 계속적으로 주시, 점검을 할 의무가 있다고 할 수 없음

【참조조문】

형법 제268조

【원심판결】

서울형사지방법원 1992. 11. 18. 선고 92노694 판결

24) 의사를 업무상과실치상죄로 고소한 사실만으로는 인과관계와 의사의 과실이 없다고 한 사건

(대법원 1994. 04. 26 선고 93다59304 판결―손해배상[의])

【판시사항】

의사의 의료행위에 있어서의 주의의무의 판단 기준

민법 제766조 제1항 소정의 '손해 및 가해자를 안 날'의 의미

피해자 측이 의사를 업무상과실치상죄로 고소한 사실만으로는 인과관계와 의사의 과실이 있었음을 알았다고 할 수 없다고 한 사례

【판결요지】

- 의사가 진찰 치료 등의 의료행위를 함에 있어서는 사람의 생명 신체 건강을 관리하는 업무의 성질에 비추어 환자의 구체적인 증상이나 상황에 따라 위험을 방지하기 위하여 요구되는 최선의 처치를 행하여야 할 주의의무가 있다고 할 것이나 의사의 이와 같은 주의의무는 의료행위를 할 당시 의료기관 등 임상 의학 분야에서 실천되고 있는 의료행위의 수준을 기준으로 판단하여야 할 것이므로, 의사가 행한 의료행위가 그 당시의 의료수준에 비추어 최선을 다한 것으로 인정되는 경우에는 의사에게 환자를 진료함에 있어서 요구되는 주의의무를 위반한 과실이 있다고 볼 수 없음

- 불법행위로 인한 손해배상청구권의 단기소멸시효의 기산점이 되는 민법 제766조 제1항 소정의 '손해 및 가해자를 안 날'이라 함은 손

해가 가해자의 불법행위로 인한 것임을 안 때라고 할 것이므로, 가해행위와 손해의 발생 사이에 인과관계가 있으며 위법하고 과실이 있는 것까지도 안 때임

- 의료사고의 경우에 의료전문가가 아닌 일반인들로서는 의사에게 과실이 있는지의 여부 및 의사의 과실과 손해 사이에 인과관계가 있는지의 여부 등을 쉽게 알 수 없는 것이므로, 환자의 모가 의사를 업무상과실치상죄로 고소한 것은 결국 의사의 의료행위와 환자의 뇌성마비 사이에 인과관계가 있는지의 여부 및 의사에게 과실이 있는지의 여부 등을 수사하여 만일 인과관계와 과실이 있다고 판명되면 처벌하여 달라는 취지에 불과하므로 환자의 모가 고소를 할 당시에 의사의 진료와 환자의 뇌성마비 사이에 인과관계가 있고 또 의사에게 과실이 있었음을 알았다고 할 수 없음

【참조조문】

가. 민법 제750조

나, 다. 민법 제766조 제1항

【원심판결】

서울고등법원 1993. 10. 19. 선고 92나72302 판결

25) 수술용 메스 조각 찾지 못하고 수술 부위 봉합한 사건

(대법원 1999. 12. 10 선고 99도3711 판결-업무상과실치상)

【판시사항】

의료사고에 있어서 의사의 과실을 인정하기 위한 요건 및 그 판단 기준

요추 척추후궁절제 수술 도중에 수술용 메스가 부러지자 담당 의사가 부러진 메스 조각을 찾아 제거하기 위한 최선의 노력을 다하였으나 찾지 못하고 무리하게 제거할 경우의 위험성을 고려하여 부러진 메스 조각을 그대로 둔 채 수술 부위를 봉합한 경우, 담당 의사의 과실을 부정한 사례

【판결요지】

- 의료사고에 있어서 의사의 과실을 인정하기 위해서는 의사가 결과 발생을 예견할 수 있었음에도 불구하고 그 결과 발생을 예견하지 못하였고 그 결과 발생을 회피할 수 있었음에도 불구하고 그 결과 발생을 회피하지 못한 과실이 검토되어야 하고, 그 과실의 유무를 판단함에는 같은 업무와 직무에 종사하는 일반적 보통인의 주의 정도를 표준으로 하여야 하며, 이에는 사고 당시의 일반적인 의학의 수준과 의료 환경 및 조건, 의료행위의 특수성 등이 고려되어야 함

- 요추 척추후궁절제 수술 도중에 수술용 메스가 부러지자 담당 의사가 부러진 메스 조각(3×5㎜) 찾아 제거하기 위한 최선의 노력을 다하

였으나 찾지 못하여 부러진 메스 조각을 그대로 둔 채 수술 부위를 봉합한 경우, 같은 수술 과정에서 메스 끝이 부러지는 일이 흔히 있고, 부러진 메스가 쉽게 발견되지 않을 경우 수술과정에서 무리하게 제거하려고 하면 부가적인 손상을 줄 우려가 있어 일단 봉합한 후에 재수술을 통하여 제거하거나 그대로 두는 경우가 있는 점에 비추어 담당 의사의 과실을 인정할 수 없음

【참조조문】

[1] 형법 제268조

[2] 형법 제268조

【원심판결】

전주지법 1999. 7. 16. 선고 99노164 판결

26) 안과수술 후 갑자기 나타난 예측 불가능한 시신경염으로 환자의 시력이 상실된 사건

(대법원 1999. 09. 03 선고 99다10479 판결–손해배상[의])

【판시사항】

· 피해자 측에서 의료상의 과실 있는 행위를 입증하고 그 결과와 사이에 의료행위 외에 다른 원인이 개재될 수 없다는 점을 증명한 경우, 의료상의 과실과 결과 사이의 인과관계를 추정할 것인지 여부(적극)

· 의사의 설명의무의 내용과 그 정도 및 당해 수술 등의 처치의가 아

닌 주치의 또는 다른 의사를 통한 설명으로도 충분한지 여부(적극)

·안과수술 후 갑자기 나타난 예측 불가능한 시신경염으로 환자의 시력이 상실된 경우, 그에 대한 의사의 설명의무 및 의료과실을 부정한 사례

【판결요지】

- 피해자 측에서 의료상의 과실 있는 행위를 입증하고 그 결과와 사이에 의료행위 외에 다른 원인이 개재될 수 없다는 점을 증명한 경우 의료상의 과실과 결과 사이의 인과관계를 추정할 수 있음

- 의사의 설명의무의 내용과 그 정도 및 당해 수술 등의 처치의가 아닌 주치의 또는 다른 의사를 통한 설명으로도 충분함

- 안과수술 후 갑자기 나타난 예측 불가능한 시신경염으로 환자의 시력이 상실된 경우, 그에 대한 의사의 설명의무 및 의료과실을 부정함

【참조조문】

[1] 민법 제750조, 민사소송법 제187조, 제261조

[2] 민법 제390조, 제750조

[3] 민법 제390조, 제750조

【원심판결】

서울고법 1998. 12. 29. 선고 97나40164 판결

27) 내과 의사와 신경과 전문의의 협의 진료를 신뢰하여 뇌혈관계통 질환의 가능성을 염두하지 않은 사건

(대법원 2003. 01. 10 선고 2001도3292 판결-업무상과실치상)

【판시사항】

의료사고에 있어서 의사의 과실을 인정하기 위한 요건 및 그 판단 기준

내과 의사가 신경과 전문의에 대한 협의 진료 결과와 환자에 대한 진료 경과 등을 신뢰하여 뇌혈관계통 질환의 가능성을 염두에 두지 않고 내과 영역의 진료행위를 계속하다가 환자의 뇌지주막하출혈을 발견하지 못하여 식물인간 상태에 이르게 한 경우, 내과 의사의 업무상과실을 부정한 사례

【판결요지】

- 의료사고에 있어서 의사의 과실을 인정하기 위해서는 의사가 결과 발생을 예견할 수 있었음에도 불구하고 그 결과 발생을 예견하지 못하였고, 그 결과 발생을 회피할 수 있었음에도 불구하고 그 결과 발생을 회피하지 못한 과실이 검토되어야 하고, 그 과실의 유무를 판단함에는 같은 업무와 직무에 종사하는 일반적 보통인의 주의 정도를 표준으로 하여야 하며, 이에는 사고 당시의 일반적인 의학의 수준과 의료 환경 및 조건, 의료행위의 특수성 등이 고려되어야 함

- 내과 의사가 신경과 전문의에 대한 협의 진료 결과 피해자의 증세

와 관련하여 신경과 영역에서 이상이 없다는 회신을 받았고, 그 회신 전후의 진료 경과에 비추어 그 회신 내용에 의문을 품을 만한 사정이 있다고 보이지 않자 그 회신을 신뢰하여 뇌혈관계통 질환의 가능성을 염두에 두지 않고 내과 영역의 진료행위를 계속하다가 피해자의 증세가 호전되기에 이르자 퇴원하도록 조치한 경우 피해자의 지주막하출혈을 발견하지 못한 데 대하여 내과 의사의 업무상과실을 부정함

【참조조문】

[1] 형법 제268조

[2] 형법 제268조

【원심판결】

서울지법 2001. 5. 31. 선고 2001노92 판결

28) 의사가 환자에 대하여 진단, 처방한 질병이 의료보험의 적용대상으로 분류되어 있음에도 급여대상이라고 기망한 사건

(대법원 2006. 10. 27 선고 2004도6083 판결-사기 · 업무상과실치상)

【판시사항】

의료사고에서 의사의 과실을 인정하기 위한 요건 및 과실 유무의 판단 기준

사기죄의 요건으로서 기망의 의미 및 그 해당 여부의 판단 기준의사가 환자에 대하여 진단, 처방한 질병이 의료보험의 적용대상으로

분류되어 있음에도 비급여대상이라고 기망하여 그 진료비 상당액을 편취하였다는 공소사실에 대하여, 의사의 진료비 수령행위가 형법상 기망행위 혹은 편취행위에 해당한다고 단정할 수 없다고 한 사례

【판결요지】

- 의료사고에 있어서 의사의 과실을 인정하기 위해서는 의사가 결과 발생을 예견할 수 있었음에도 불구하고 그 결과 발생을 예견하지 못하였고, 그 결과 발생을 회피할 수 있었음에도 불구하고 그 결과 발생을 회피하지 못한 과실이 검토되어야 하고, 그 과실의 유무를 판단함에는 같은 업무와 직무에 종사하는 일반적 보통인의 주의 정도를 표준으로 하여야 하며, 이에는 사고 당시의 일반적인 의학의 수준과 의료 환경 및 조건, 의료행위의 특수성 등이 고려되어야 함

- 사기죄의 요건으로서의 기망은 널리 재산상의 거래행위에 있어서 서로 지켜야 할 신의와 성실의 의무를 저버리는 적극적 및 소극적 행위로서 사람으로 하여금 착오를 일으키게 하는 것을 말하고, 반드시 법률행위의 중요 부분에 관한 것임을 요하지 않으며 단지 상대방이 개별적 처분행위를 하기 위한 판단의 기초 사실에 관한 것이면 충분하며 이에 해당하는지 여부는 민법 등 다른 법률의 해석상 그 행위의 법률상 효력이 인정되는지 여부에 구애됨이 없이 형법 독자의 견지에서 판단하여야 함

- 의사가 환자에 대하여 진단, 처방한 질병이 의료보험의 적용대상

으로 분류되어 있음에도 비급여 대상이라고 기망하여 그 진료비 상당액을 편취하였다는 공소사실에 대하여, 의사의 진료비 수령행위가 형법상 기망행위 혹은 편취행위에 해당한다고 단정할 수 없음

【참조조문】

[1] 형법 제268조

[2] 형법 제347조

[3] 형법 제347조

【원심판결】

서울중앙지법 2004. 8. 26. 선고 2001노5465 판결

29) 정형외과 전공의가 같은 과 수련의의 처방에 대한 감독의무를 소홀히 하여 환자가 상해를 입은 사건

(대법원 2007. 02. 22 선고 2005도9229 판결-업무상과실치상)

【판시사항】

의사가 다른 의사와 의료행위를 분담하는 경우 업무상 주의의무의 내용

환자의 주치의 겸 정형외과 전공의가 같은 과 수련의의 처방에 대한 감독의무를 소홀히 한 나머지, 환자가 수련의의 잘못된 처방으로 인하여 상해를 입게 된 사안에서 전공의에 대한 업무상과실치상죄를 인정한 사례

【판결요지】

- 의사는 전문적 지식과 기능을 가지고 환자의 전적인 신뢰하에서 환자의 생명과 건강을 보호하는 것을 업으로 하는 자로서 그 의료행위를 시술하는 기회에 환자에게 위해가 미치는 것을 방지하기 위하여 최선의 조치를 취할 의무를 지고 있으므로, 의사가 다른 의사와 의료행위를 분담하는 경우에도 자신이 환자에 대하여 주된 의사의 지위에 있거나 다른 의사를 사실상 지휘 감독하는 지위에 있다면, 그 의료행위의 영역이 자신의 전공과목이 아니라 다른 의사의 전공과목에 전적으로 속하거나 다른 의사에게 전적으로 위임된 것이 아닌 이상, 의사는 자신이 주로 담당하는 환자에 대하여 다른 의사가 하는 의료행위의 내용이 적절한 것인지의 여부를 확인하고 감독하여야 할 업무상 주의의무가 있고, 만약 의사가 이와 같은 업무상 주의의무를 소홀히 하여 환자에게 위해가 발생하였다면, 의사는 그에 대한 과실 책임을 면할 수 없음

- 환자의 주치의 겸 정형외과 전공의가 같은 과 수련의의 처방에 대한 감독의무를 소홀히 한 나머지, 환자가 수련의의 잘못된 처방으로 인하여 상해를 입게 된 사안에서 전공의에 대한 업무상과실치상죄를 인정함

【참조조문】

[1] 형법 제268조

[2] 형법 제268조

【원심판결】

서울중앙지법 2005. 11. 8. 선고 2004노388 판결

30) 부적격 혈액을 수혈한 사건

(대법원 2007. 05. 10 선고 2006도6178 판결-업무상과실치상 · 혈액관리법위반)

【판시사항】

· 혈액원의 회계 관리 및 혈액원장이 행사하는 권한 등에 비추어, 혈액원장을 혈액원의 관리 · 운영자로 본 사례

· 혈액원 소속의 검사자들이 채혈한 혈액의 검사를 잘못한 상태에서 부적격 혈액들을 출고하여 이를 수혈받은 피해자들로 하여금 C형 간염 등이 감염되는 상해를 입게 한 경우, 혈액원장에게 업무상 과실치상의 죄책을 인정한 사례

· 혈액원 소속의 검사과장에게 혈액 검사 결과의 정확성, 혈액 적격 여부에 대한 업무상 주의의무가 있다고 단정할 수 없다고 한 사례

· 혈액원장에게 업무상과실치상의 죄책을 인정하는 경우, 당연히 검사과장에게도 업무상 과실치상의 죄책을 인정하여야 하는지 여부 (소극)

【판결요지】

- 혈액원은 대한적십자사가 혈액관리업무를 실시하기 위하여 혈액

관리법에 따라 보건복지부장관의 허가를 받아 개설한 혈액사업본부 소속 기관으로서 특별회계로 독립하여 운영되고, 그 원장이 혈액사업본부의 방침에 따라 헌혈 혈액의 채혈, 검사, 제재, 보관, 공급에 관한 사항 등 원무를 통할하며 소속 직원을 지휘·감독하였고, 필요하다고 인정할 때에는 업무를 일시 조정·분장하는 한편 세부적인 원무에 관하여 혈액원장의 내규로서 정하여 시행하는 등 각종 권한을 행사한 사실을 인정한 다음, 대한적십자사는 혈액원의 개설자에 불과하고 혈액원을 관리·운영하는 자는 혈액원장으로 봄이 상당하다고 판단됨

　- 각 혈액원 소속의 검사자들이 그 채혈한 혈액의 검사를 잘못한 상태에서 부적격 혈액들을 출고하여, 이를 수혈받은 피해자들로 하여금 C형 간염 등이 감염되는 상해를 입게 한 이상, 혈액원장인 위 피고인들이 각 업무상과실치상의 죄책을 면할 수 없다고 판단함

　- 혈액원 소속의 검사과장에게 혈액검사 결과의 정확성, 혈액 적격 여부에 대한 업무상 주의의무가 있다고 단정할 수 없음

　- 혈액원장에게 업무상과실치상의 죄책을 인정하는 경우, 당연히 검사과장에게도 업무상 과실치상의 죄책을 인정하여야 하는 것은 아님

【참조조문】

[1] 혈액관리법 제19조

[2] 형법 제268조

[3] 형법 제268조

[4] 형법 제268조
【원심판결】
서울중앙지법 2006. 8. 29. 선고 2006노690 판결

31) 미용성형 시술 시 의사의 주의의무 및 무면허의료행위 사건
(대법원 2007. 05. 31 선고 2007도1977 판결-의료법위반 · 업무상과실치상 · 보건범죄단속에 관한특별조치법위반[부정의료업자] · 위증교사 · 위증)

【판시사항】
미용성형을 시술하는 의사의 주의의무
무면허의료행위에 대한 공동정범으로서의 죄책을 인정한 사례

【판결요지】
- 의사가 진찰 · 치료 등의 의료행위를 할 때는 사람의 생명 · 신체 · 건강을 관리하는 업무의 성질에 비추어 환자의 구체적 증상이나 상황에 따라 위험을 방지하기 위하여 요구되는 최선의 조치를 취하여야 하고, 환자에게 적절한 치료를 하거나 그러한 조치를 취하기 어려운 사정이 있다면 신속히 전문적인 치료를 할 수 있는 다른 병원으로의 전원조치 등을 취하여야 하며 특히 미용성형을 시술하는 의사로서는 고도의 전문적 지식에 입각하여 시술 여부, 시술의 시기, 방법, 범위 등을 충분히 검토한 후 그 미용성형 시술의 의뢰자에게 생리적, 기능적 장해가 남지 않도록 신중을 기하여야 할 뿐 아니라, 회복이 어려

운 후유증이 발생할 개연성이 높은 경우 그 미용성형 시술을 거부 내지는 중단하여야 할 의무가 있음

- 대상 의원을 실질적으로 운영한 피고인들의 묵시적인 의사 연결 아래 그 무면허의료행위에 가담하였다고 보아 피고인들에게 무면허의료행위에 대한 공동정범으로서의 죄책이 있다고 판단한 조치는 옳음

【참조조문】

[1] 형법 제268조

[2] 의료법 제25조, 보건범죄단속에관한특별조치법 제5조, 형법 제30조

【원심판결】

서울남부지법 2007. 2. 7. 선고 2006노1069 판결

32) 의사의 처방 체계상 문제점으로 잘못 처방된 약제를 종합병원 간호사가 그대로 주사한 사건

(대법원 2009. 12. 24 선고 2005도8980 판결-업무상과실치상)

【판시사항】

의료사고에 있어서 의료인의 과실을 인정하기 위한 요건 및 그 판단 기준

의사들의 주의의무 위반과 처방 체계상의 문제점으로 인하여 수술 후 회복과정에 있는 환자에게 인공호흡 준비를 갖추지 않은 상태에서

는 사용할 수 없는 약제가 잘못 처방되었고, 종합병원의 간호사로서 환자에 대한 투약 과정 및 그 이후의 경과 관찰 등의 직무 수행을 위하여 처방 약제의 기본적인 약효나 부작용 및 주사 투약에 따르는 주의사항 등을 미리 확인·숙지하였다면 과실로 처방된 것임을 알 수 있었음에도 그대로 주사하여 환자가 의식불명 상태에 이르게 된 사안에서, 간호사에게 업무상과실치상의 형사책임을 인정한 사례

【판결요지】

- 의료사고에 있어 의료인의 과실을 인정하기 위하여서는 의료인이 결과 발생을 예견할 수 있음에도 불구하고 그 결과 발생을 예견하지 못하였고 그 결과 발생을 회피할 수 있었음에도 불구하고 그 결과 발생을 회피하지 못한 과실이 검토되어야 하고, 그 과실의 유무를 판단함에는 같은 업무와 직무에 종사하는 일반적 보통인의 주의정도를 표준으로 하여야 하며, 이에는 사고 당시의 일반적인 의학의 수준과 의료 환경 및 조건, 의료행위의 특수성 등이 고려되어야 함

- 의사들의 주의의무 위반과 처방 체계상의 문제점으로 인하여 수술 후 회복과정에 있는 환자에게 인공호흡 준비를 갖추지 않은 상태에서는 사용할 수 없는 약제가 잘못 처방되었고, 종합병원의 간호사로서 환자에 대한 투약 과정 및 그 이후의 경과 관찰 등의 직무 수행을 위하여 처방 약제의 기본적인 약효나 부작용 및 주사 투약에 따르는 주의사항 등을 미리 확인·숙지하였다면 과실로 처방된 것임을 알 수

있었음에도 그대로 주사하여 환자가 의식불명 상태에 이르게 된 사안에서, 간호사에게 업무상과실치상의 형사책임을 인정함

【참조조문】

[1] 형법 제268조

[2] 형법 제268조

【원심판결】

서울중앙지법 2005. 11. 8. 선고 2004노389 판결

33) 태아를 사망에 이르게 한 행위가 임산부에 대한 상해라고 보지 않은 사건

(대법원 2009. 07. 09 선고 2009도1025 판결-업무상과실치상)

【판시사항】

태아를 사망에 이르게 하는 행위가 '임산부'에 대한 상해에 해당하는지 여부(소극)

【판결요지】

- 우리 형법은 태아를 임산부 신체의 일부로 보거나, 낙태 행위가 임산부의 태아 양육, 출산 기능의 침해라는 측면에서 낙태죄와는 별개로 임산부에 대한 상해죄를 구성하는 것으로 보지는 않는다고 해석되고, 따라서 태아를 사망에 이르게 하는 행위가 임산부 신체의 일부를 훼손하는 것이라거나 태아의 사망으로 인하여 그 태아를 양육, 출산

하는 임산부의 생리적 기능이 침해되어 임산부에 대한 상해가 된다고 볼 수는 없음

【참조조문】

형법 제257조, 제268조

【원심판결】

청주지법 2009. 1. 21. 선고 2007노1419 판결

34) 쌍꺼풀 수술 의료행위에 있어 설명의무의 이행에 대한 증명책임 사건

(대법원 2010. 08. 19 선고 2007다41904 판결-손해배상[의])

【판시사항】

· 수술 도중이나 수술 후 환자에게 중한 결과의 원인이 된 증상이 발생한 경우, 증상 발생에 관하여 의료상 과실 이외의 다른 원인이 있다고 보기 어려운 간접사실들을 증명함으로써 그 증상이 의료상 과실에 기한 것이라고 추정하는 것이 가능한지 여부(적극) 및 그 경우 개연성이 담보되지 않는 사정들을 가지고 막연하게 인과관계를 추정함으로써 결과적으로 의사에게 무과실의 증명책임을 지우는 것이 허용되는지 여부(소극)

· 과거에 받았던 쌍꺼풀 수술 등의 후유증으로 양안에 의인성 안검하수 증상이 발생한 환자가 이를 교정하고 자연스러운 쌍꺼풀의 선을

만들기 위해 쌍꺼풀 재수술 등을 받은 후 토안 증상이 발생한 사안에서, 원심이 추정한 의사의 과실 중 눈둘레근의 섬유 조직화는 수차례에 걸친 수술의 결과일 뿐 의사의 수술상 과실로 볼 수 없고, 눈둘레근을 지나치게 올려 결찰하였다는 점에 관한 간접사실들도 쌍꺼풀 재수술과 토안 발생 사이의 인과관계를 추정할 수 있는 사정은 될지언정 토안이 의사의 과실에 기한 것이라고 추정할 수 있을 정도의 개연성을 갖춘 사정들이라고 보기 어려움에도 원심이 이와 같이 개연성이 담보되지 않는 사정들을 가지고 막연하게 의사의 과실을 추정하여 손해배상책임을 인정한 것은 위법하다고 한 사례

· 의료행위에 있어 설명의무의 이행에 대한 증명책임

【판결요지】

- 의료행위는 고도의 전문적 지식을 필요로 하는 분야로서 전문가가 아닌 일반인으로서는 의사의 의료행위의 과정에 주의의무 위반이 있는지의 여부나 그 주의의무 위반과 손해 발생 사이에 인과관계가 있는지 여부를 밝혀내기가 극히 어려운 특수성이 있으므로 수술 도중이나 수술 후 환자에게 중한 결과의 원인이 된 증상이 발생한 경우 그 증상 발생에 관하여 의료상의 과실 이외의 다른 원인이 있다고 보기 어려운 간접사실들을 증명함으로써 그와 같은 증상이 의료상의 과실에 기한 것이라고 추정하는 것도 가능하다고 하겠으나(대법원 2000. 7. 7. 선고 99다66328 판결 등 참조), 그 경우에도 의사의 과실로 인한 결과발생을

추정할 수 있을 정도의 개연성이 담보되지 않는 사정들을 가지고 막연하게 중한 결과에서 의사의 과실과 인과관계를 추정함으로써 결과적으로 의사에게 무과실의 증명책임을 지우는 것까지 허용되는 것은 아님

　- 과거에 받았던 쌍꺼풀 수술 등의 후유증으로 양안에 의인성 안검하수 증상이 발생한 환자가 이를 교정하고 자연스러운 쌍꺼풀의 선을 만들기 위해 쌍꺼풀 재수술 등을 받은 후 토안 증상이 발생한 사안에서, 원심이 추정한 의사의 과실 중 눈둘레근의 섬유 조직화는 수차례에 걸친 수술의 결과일 뿐 의사의 수술상 과실로 볼 수 없고, 눈둘레근을 지나치게 올려 결찰하였다는 점에 관한 간접사실들도 쌍꺼풀 재수술과 토안 발생 사이의 인과관계를 추정할 수 있는 사정은 될지언정 토안이 의사의 과실에 기한 것이라고 추정할 수 있을 정도의 개연성을 갖춘 사정들이라고 보기 어려움에도 원심이 이와 같이 개연성이 담보되지 않는 사정들을 가지고 막연하게 의사의 과실을 추정하여 손해배상책임을 인정한 것은 위법함

　- 설명의무는 침습적인 의료행위로 나아가는 과정에서 의사에게 필수적으로 요구되는 절차상의 조치로서 의사 측에 설명의무를 이행한 데 대한 증명책임이 있다고 해석하는 것이 공평·타당함

【참조조문】

[1] 민법 제750조, 민사소송법 제288조

[2] 민법 제750조, 민사소송법 제288조

[3] 민법 제750조, 민사소송법 제288조

【원심판결】

서울고법 2007. 5. 31. 선고 2006나87158 판결

35) 한의사가 알레르기 반응검사를 생략한 채 봉침 시술을 하여 상해를 입은 사건

(대법원 2011. 04. 14 선고 2010도10104 판결−업무상과실치상 · 의료법위반)

【판시사항】

· 의료사고에서 의사의 과실을 인정하기 위한 요건과 판단 기준 및 '한의사의 경우'에도 동일한 법리가 적용되는지 여부(적극)

· 한의사인 피고인이 피해자에게 문진하여 과거 봉침을 맞고도 별다른 이상 반응이 없었다는 답변을 듣고 알레르기 반응검사를 생략한 채 환부에 봉침시술을 하였는데, 피해자가 위 시술 직후 쇼크반응을 나타내는 등 상해를 입은 사안에서, 피고인이 알레르기 반응검사를 하지 않은 과실과 피해자의 상해 사이에 상당인과관계를 인정하기 어렵다는 이유로, 같은 취지의 원심판단을 수긍한 사례

· 의사가 설명의무를 위반한 채 의료행위를 하여 피해자에게 상해가 발생한 경우 업무상과실로 인한 형사책임을 지기 위한 요건 및 '한의사의 경우'에도 동일한 법리가 적용되는지 여부(적극)

· 한의사인 피고인이 피해자에게 문진하여 과거 봉침을 맞고도 별다른 이상 반응이 없었다는 답변을 듣고 부작용에 대한 충분한 사전 설명 없이 환부에 봉침 시술을 하였는데, 피해자가 위 시술 직후 쇼크 반응을 나타내는 등 상해를 입은 사안에서, 피고인의 설명의무 위반과 피해자의 상해 사이에 상당인과관계를 인정하기 어렵다는 이유로, 같은 취지의 원심판단을 수긍한 사례

【판결요지】

- 의료사고에서 의사의 과실을 인정하기 위해서는 의사가 결과 발생을 예견할 수 있었음에도 이를 예견하지 못하였고 결과 발생을 회피할 수 있었음에도 이를 회피하지 못한 과실이 검토되어야 하고, 과실의 유무를 판단할 때에는 같은 업무와 직무에 종사하는 보통인의 주의 정도를 표준으로 하여야 하며, 여기에는 사고 당시의 일반적인 의학의 수준과 의료 환경 및 조건, 의료행위의 특수성 등이 고려되어야 하고, 이러한 법리는 한의사의 경우에도 마찬가지임

- 한의사인 피고인이 피해자에게 문진하여 과거 봉침을 맞고도 별다른 이상 반응이 없었다는 답변을 듣고 알레르기 반응검사(skin test)를 생략한 채 환부인 목 부위에 봉침시술을 하였는데, 피해자가 위 시술 직후 아나필락시 쇼크반응을 나타내는 등 상해를 입은 사안에서 다시 알레르기 반응검사를 실시할 의무가 있다고 보기는 어렵고, 알레르기 반응검사를 하지 않은 과실과 피해자의 상해 사이에 상당인과관계를

인정하기 어려움

 - 의사가 설명의무를 위반한 채 의료행위를 하여 피해자에게 상해가 발생하였다고 하더라도, 업무상과실로 인한 형사책임을 지기 위해서는 피해자의 상해와 의사의 설명의무 위반 내지 승낙 취득 과정의 잘못 사이에 상당인과관계가 존재하여야 하고, 이는 한의사의 경우에도 마찬가지임

 - 한의사인 피고인이 피해자에게 문진하여 과거 봉침을 맞고도 별다른 이상 반응이 없었다는 답변을 듣고 부작용에 대한 충분한 사전 설명 없이 환부인 목 부위에 봉침 시술을 하였는데, 피해자가 위 시술 직후 쇼크반응을 나타내는 등 상해를 입은 사안에서, 제반 사정에 비추어 피고인이 봉침시술에 앞서 설명의무를 다하였더라도 피해자가 반드시 봉침시술을 거부하였을 것이라고 볼 수 없어, 피고인의 설명의무 위반과 피해자의 상해 사이에 상당인과관계를 인정하기 어려움

【참조조문】

[1] 형법 제268조

[2] 형법 제17조, 제268조

[3] 형법 제17조, 제268조

[4] 형법 제17조, 제268조

【원심판결】

서울동부지법 2010. 7. 8. 선고 2010노246 판결

36) 의사의 과실을 인정하기 위한 판단 기준

(대법원 2014. 05. 29 선고 2013도14079 판결-업무상과실치상)

【판시사항】

의료사고에서 '의사의 과실'을 인정하기 위한 요건 및 그 판단 기준

【판결요지】

의료사고에서 의사에게 과실이 있다고 하기 위하여는 의사가 결과 발생을 예견할 수 있고 또 회피할 수 있었는데도 이를 예견하지 못하거나 회피하지 못하였음이 인정되어야 하며, 과실의 유무를 판단할 때에는 같은 업무와 직종에 종사하는 일반적 보통인의 주의 정도를 표준으로 하고, 사고 당시의 일반적인 의학의 수준과 의료 환경 및 조건, 의료행위의 특수성 등을 고려하여야 함

【참조조문】

형법 제268조

【원심판결】

서울중앙지법 2013. 11. 7. 선고 2013노2280 판결

37) 한의사의 과실 인정 요건 판단 기준 사건

(대법원 2014. 07. 24 선고 2013도16101 판결-업무상과실치상)

【판시사항】

의료사고에서 의사의 과실을 인정하기 위한 요건과 판단 기준 및

한의사의 경우에도 같은 법리가 적용되는지 여부(적극)

【판결요지】

- 의료사고에서 의사에게 과실이 있다고 하기 위하여는 의사가 결과 발생을 예견할 수 있고 또 회피할 수 있었는데도 이를 예견하지 못하거나 회피하지 못하였음이 인정되어야 하며, 과실의 유무를 판단할 때에는 같은 업무와 직종에 종사하는 일반적 보통인의 주의 정도를 표준으로 하고, 사고 당시의 일반적인 의학의 수준과 의료 환경 및 조건, 의료행위의 특수성 등을 고려하여야 한다. 이러한 법리는 한의사의 경우에도 마찬가지라고 할 것임

【참조조문】

형법 제268조

【원심판결】

서울중앙지법 2013. 12. 12. 선고 2012노3438 판결

의료사고,
진실을 찾아서

초판 1쇄 발행일 | 2025년 6월 30일

지은이	강윤석
펴낸곳	메디마크
펴낸이	정기국
디자인	서용석
관리	안영미

주소	서울시 성동구 마조로 22-2, 한양대동문회관 413호
전화	(02) 325-3691
팩스	(02) 6442 3690
등록	제 303-2005-34호(2005.8.30)

ISBN	979-11-993268-0-4(13510)
값	16,000원

* 이 책은 저작권법에 따라 보호를 받는 저작물이므로 무단전재와 무단복제를 금하며, 이 책 내용의 전부 또는 일부를 이용하려면 반드시 저작권자와 메디마크의 서면동의를 받아야 합니다.
* 잘못된 책은 바꾸어 드립니다.